Masuren

Izabella Gawin/Dieter Schulze

Neu: Exklusive Reisetipps auf www.merian.de!

- **Gratis mehr Informationen:**
  Entdecken Sie den Premium-Bereich von www.merian.de

- **Topaktuelle Zusatznutzen:**
  Reiseberichte, Shopping, Tipps und Informationen

- **Neue Reiseziele entdecken:**
  über 5000 Destinationen weltweit

- **Einfach auf www.merian.de**
  Ihren persönlichen Zugangscode eingeben: **20050706**

Inhalt

Erläuterung der Symbole

 *Für Familien mit Kindern
besonders geeignet*

 *Diese Unterkünfte haben
behindertengerechte Zimmer*

 *In diesen Unterkünften
sind Hunde erlaubt*

CREDIT *Alle Kreditkarten werden akzeptiert*

 Keine Kreditkarten werden akzeptiert

*Preise für zwei Personen im
Doppelzimme inklusive Frühstück:*
●●●● *ab 120 €*   ●● *ab 30 €*
●●● *ab 60 €*   ● *bis 30 €*

*Preise für ein Menü mit Vor-
speise, Hauptgang und Dessert,
ohne Getränke:*
●●●● *ab 30 €*   ●● *ab 10 €*
●●● *ab 20 €*   ● *bis 10 €*

 Karten und Pläne

*Die Buchstaben-Zahlen-Kombinationen
im Text verweisen auf die Planquadrate
der Karten, z. B.*

⟶ S. 112, A 12   Kartenatlas
⟶ S. 71, b 3   Detailkarte innen
⟶ e 4   Umschlagkarte hinten

10 **MERIAN-Tipps**
*Tipps und Empfehlungen für
Kenner und Individualisten*
Klappe hinten ⟶

Masuren stellt sich vor

Wie aus dem Bilderbuch: goldene Kornfelder und grünes Weideland. Masuren ist noch immer stark von Landwirtschaft geprägt.

Kristallene Seen, Ordensburgen und verschwiegene Klöster: Masuren wartet auf mit ursprünglicher Landschaft und Zeugnissen einer konfliktreichen Geschichte.

Besser als der Schriftsteller Arno Surminski kann man es kaum formulieren: »Als der Herr noch auf Erden wandelte, kam er am späten Nachmittag, als er schon müde war, ins Masurische und erschuf, bevor er einschlief, mit sanfter Hand und ohne viel nachzudenken, die masurische Wildnis. Seitdem ist Masuren ein Land ohne Eile, das gern die Zeit verschläft«. Spricht man mit Besuchern Masurens, so ist es genau das, was sie an dieser Region fasziniert: Der Tag ist hier nicht verplant – man bewegt sich langsam, atmet frei und verdankt dem Zufall ungewöhnliche Bekanntschaften.

Eine Reise durch Polens Nordosten weckt Erinnerungen an eine Ländlichkeit, die in Westeuropa der Vergangenheit angehört. Eichengesäumte Alleen, ein Pferdefuhrwerk in gemächlichem Trott: Der Bauer fährt seine Ernte ein, ist unterwegs zum Markt im benachbarten Dorf. Marienkapellen am Wegesrand markieren die territoriale Grenze. Auf den Weiden grasen Pferde einträchtig neben Kühen, hoch über den wogenden Weizenfeldern ein Storch, der sich auf einem Elektromast postiert. Und er ist nicht der einzige – Meister Adebar ist in Masuren vielerorts anzutreffen: Er steht in den Tümpeln längs der Straße, auf Wiesen und umgegrabenen Feldern, auf Dachfirsten und Schornsteinen. In Żywkowo kommen vier Störche auf einen Einwohner, Pentowo wurde mit dem Titel »Europäisches Storchendorf« ausgezeichnet.

Nicht weniger beschaulich ist der Anblick des Wassers: Hinter Schilfrohr führt ein modriger Holzsteg in den See, geheimnisumwittert dümpelt ein halb versenktes Boot. Auf der Mole nimmt ein Angler Platz, in majestätischer Pose ziehen Schwäne vorbei. Man möchte flugs in den See springen, sich hinübertreiben lassen zur kleinen Insel und einen Tag à la Robinson verbringen …

Wo genau liegt Masuren?

Ein altes Mütterchen gibt uns die Antwort: Es liegt dort, sagt sie, wo die Seen am größten und die Hügel

Bauern bei der Heuernte: Die Felder werden vielerorts noch mit Pferd und Pflug bestellt.

am buckligsten sind. Tatsächlich ist die Frage nicht leicht zu beantworten. Der Begriff »Masuren« ist schillernd, bezeichnet keine klar umgrenzte Region. In einem engeren Sinn gilt er für das Gebiet rings um die Großen Masurischen Seen, begrenzt von den Orten Szczytno und Ełk im Süden sowie Węgorzewo und Gołdap im Norden. Die Menschen, die dort vor 1945 lebten, hatten eine ganz eigene Identität: Sie sprachen Deutsch ebenso selbstverständlich wie Polnisch-Masurisch, wobei sie von den Polen ihr Bekenntnis zum Protestantismus unterschied.

In einem weiteren Sinn bezeichnet der Begriff »Masuren« den gesamten Nordosten Polens. Demnach reicht Ostmasuren weit ins Suwalkerland hinein und umfasst Teile der Provinz Podlachien bis zur litauischen und weißrussischen Grenze. Als Westmasuren gilt die historisch zum Ermland gehörende Gegend um Olsztyn (Allenstein), die stets streng katholisch war. Seit der Gebietsreform von 1999 sind die Provinzen »Warmia i Mazury« (Ermland und Masuren) vereint – die Stadt Olsztyn rückte auf zur gemeinsamen Hauptstadt. Die Weichsel mit ihren unter dem Ordensherrschaft errichteten Festungsstädten markiert den Übergang zum »Land der dunklen Wälder und kristallnen Seen«, der Landschaft Masurens. Die von den Gletschern der letzten Eiszeit geprägte Hügellandschaft reicht bis zur litauischen und weißrussischen Grenze. Inmitten des welligen Landes liegen über 3000 Gewässer, zumeist lang gestreckte Rinnenseen, wie Perlen auf einer Kette gereiht, durch Flüsse und Kanäle miteinander verknüpft. Der größte ist der Śniardwy-See, auch »masurisches Meer« genannt. Die kleineren Seen werden als »Himmelsauge« bezeichnet: Wolkenbänder spiegeln sich auf einer glasklaren Oberfläche.

Der Kontakt mit der Natur stellt sich dort am intensivsten dar, wo diese geschützt ist. In National- und Landschaftsparks finden Besucher keine Bauruinen und keine giganti-

Die »grünen Lungen« Polens

schen Hotelanlagen, sie werden nicht von Motorenlärm gestört, fern ist die Welt der Menschen und Maschinen. Die Parks sind prinzipiell für Touristen zugänglich, oft freilich nur für Wanderer.

Der **Masurische Landschaftspark** umfasst den riesigen Śniardwy-See und Teile der Johannisburger Heide (Puszcza Piska). Durch dunkles Walddickicht fließt die Krutynia, ein glasklarer, romantischer Fluss – an seinen Ufern findet man zahlreiche Graureiher. Schon bald soll das Gebiet zum Nationalpark erklärt und unter noch strengeren Naturschutz gestellt werden. Urwüchsige Wälder, in denen einst preußische Könige zur Jagd gingen, schließen sich an: der Borkener Forst und die Rominter Heide, der Łuknajno-See mit einer Kolonie von Höckerschwänen.

In den östlichen Gebieten leben noch heute seltene Tiere wie Elch und Luchs, Biber und Hermelin. Einem Kloster verdankt der **Wigry-Nationalpark** seine Berühmtheit: Kamaldulenser-Mönche erbauten es im 17. Jahrhundert, als Ort wählten sie eine tief in den Wigry-See hineinragende Land-

Geschichtliche Spurensuche

zunge. Südwestlich von Augustów breitet sich der **Biebrza-Nationalpark** aus, Europas größtes Sumpfgebiet. Der **Białowieski-Nationalpark**, der sich entlang der weißrussischen Grenze erstreckt, bietet Lebensraum für eine der letzten Wisentkolonien der Welt.

Eine Fahrt nach Masuren ist immer auch eine Zeitreise in deutsche Vergangenheit. Der beschaulichen Landschaft sieht man die blutigen Kämpfe nicht an, von denen sie jahrhundertelang gezeichnet war. Die Backsteinburgen, viele von ihnen prachtvoll restauriert, erinnern an die Herrschaft des Deutschen Ordens im Spätmittelalter, an die Unterwerfung heidnischer Pruzzen und die späteren Kämpfe mit Polen und Litauern.

Mit neuerer Geschichte wird der Besucher in der **Wolfsschanze** bei Kętrzyn (Rastenburg) konfrontiert. In den Bunkern des Führerhauptquartiers Ost wurde die Endlösung der Judenfrage beschlossen, und von hier wurden auch die Operationen zur Unterwerfung der Sowjetunion koordiniert. Am 15. Juli 1944 stimmte Hitler dem Vorschlag des Gauleiters Erich Koch zu, Ostpreußen zur Festung auszubauen; zehn Tage später wurde der »totale Krieg« ausgerufen. Am 20. November 1944, als die Rote Armee unaufhaltsam gen Königsberg und Danzig vorrückte, setzte sich Hitler nach Westen ab. Die Zivilbevölke-

Masuren, Land der Seen: Die genaue Anzahl kennt niemand, es sollen aber insgesamt an die 4000 sein.

rung dagegen wurde erst zwei Monate später evakuiert. Da war es aber für viele schon zu spät. Flüchtlingstrecks wurden von sowjetischen Truppen überrollt, die in Ostpreußen deutschen Boden betraten – nach einem Marsch von mehreren tausend Kilometern durch verbranntes russisches Land.

Nach dem Krieg wurde Ostpreußen geteilt. Den südlichen Teil, Masuren und Ermland, erhielt Polen, der nördliche Teil rings um Königsberg fiel an Russland. Viele Deutschstämmige verließen das Land: als Vertriebene unmittelbar nach Kriegsende, als Spätaussiedler in den darauf folgenden Jahrzehnten.

Auf einer Reise durch Masuren wird man älteren Menschen begegnen, die erstaunlich gut Deutsch sprechen. Auf die Frage, woher ihre Sprachkenntnisse stammen, bekommt man unterschiedliche Antworten. Da sind zum Beispiel jene, die im Krieg zur Zwangsarbeit im Deutschen Reich abkommandiert wurden, 1945 nach Polen zurückkehrten und am Wiederaufbau der zerstörten Städte mitwirkten. Andere begreifen sich als »Deutschstämmige«, gehören also zu jenen, die nach dem Krieg nicht flohen, sondern in ihrem Heimatort blieben. In sozialistischer Zeit galten sie als »Autochthone«, als Polen, die – wie man offiziell meinte – durch den Prozess der Germanisierung ihrer ethnischen Wurzeln entfremdet worden waren. Als Deutsche durften sie sich offiziell nicht länger begreifen, der Boden, auf dem sie lebten, war angeblich schon immer polnisch gewesen. 1951 erhielten sie die polnische Staatsangehörigkeit, Assimilierung lautete das Gebot der Stunde. Wer in der Öffentlichkeit deutsch sprach oder sich zum protestantischen Glauben bekannte, wurde als Fremdkörper betrachtet.

Nach der Wende 1990 durften die wenigen, die hier geblieben waren, wieder deutsch sprechen und sich zu

Im Freilichtmuseum von Olszyntek wurden historische Gebäude aus dem Ermland und Masuren wieder aufgebaut.

ihren ethnischen Wurzeln bekennen. Manch einer hat die Gunst der Stunde genutzt und sein Haus zur Touristenpension umgerüstet. Und viele sind im Laufe der Jahre gekommen: erst die Heimwehtouristen, dann ihre Kinder und Enkelkinder. Spätestens seit Polen EU-Mitglied ist und man für die Einreise nur noch einen Personalausweis braucht, finden auch viele den Weg nach Masuren, die einfach nur von Land und Natur begeistert sind: Radfahrer und Wassersportler, Wanderer und Angler.

Von der Wende zur EU

Es herrscht viel Armut im Land, denn nur ein geringer Teil der Bevölkerung hat von der »Überwindung des Sozialismus« profitiert. Sofort nach Einführung der marktwirtschaftlichen Demokratie waren wichtige soziale Einrichtungen demontiert worden. Von einem Tag auf den anderen fror der Staat seine Subventionen ein, eine PGR nach der anderen ging bankrott, und die Landarbeiter wurden entlassen. Aber auch die Kleinbauern, die sich der Kollektivierung einst unter dem Beifall des Westens erfolgreich widersetzt hatten, sind jetzt in Schwierigkeiten. Die meisten von ihnen besitzen weniger als zehn Hektar Land, haben also keine Chance auf EU-Subventionen. Die »Überflüssigen«, darauf setzt die Zentralregierung in Warschau, werden sich schon irgendwie durchwursteln. Das mag ein paar Jüngeren, die auf Öko-Anbau und Agrotourismus setzen, vielleicht sogar gelingen. Dagegen bleiben viele der Alten auf der Strecke. Einige sitzen an der Straße und bieten Waldpilze, Beeren und Maiglöckchen an. Andere setzen all ihre Hoffnung auf die »Samoobrona« (Selbstverteidigung). Die von Andrzej Lepper angeführte Partei kämpft für eine sichere Bauernrente, Mindestpreise und Absatzgarantien für landwirtschaftliche Produkte und Gleichstellung polnischer Bauern mit ihren EU-Berufsgenossen. Was die Zukunft bringen wird, bleibt abzuwarten.

Gewusst wo…

Die Marienburg in Malbork ist die größte Backsteinburg Europas. In einem Wirtschaftsgebäude am Fuße der Burg kann man stilvoll übernachten.

Gemütliche und stilvolle Unterkünfte, Highlights der Regionalküche und Tipps für aktive
Ferien mit und ohne Kinder: In Masuren erwar-
tet Sie ein erlebnisreicher Urlaub.

Übernachten

Vom Bauernhaus bis zum feudalen Schloss: Fast immer findet man Zimmer mit Blick auf den See.

Einst Wohnhaus wohlhabender Patrizier, heute komfortables Hotel: das Podwils in Danzig.

Polens Hotelszene ist in Bewegung geraten, in Städten wie Gdańsk (Danzig) drängen internationale Hotelketten auf den Markt. Rund um die masurische Seenplatte sind diese allerdings noch nicht präsent, dort gibt es vor allem kleine, familienfreundliche Privathotels, restaurierte Burgen (→ MERIAN-Spezial, S. 14), Gästehäuser und Pensionen. Oft liegen die Unterkünfte an Seen oder in Waldstücken, Boote oder Fahrräder können fast überall ausgeliehen werden.

Immer beliebter wird Urlaub auf dem Land. »Agrotouristische Bauernhöfe« findet man in der Kaschubei, in Masuren und Podlachien. Sie bieten einfache, aber saubere Zimmer mit Bad und sind preislich günstig. Auf Wunsch werden oft Halb- oder Vollpension angeboten, und da mittlerweile manch ein Hof ökologischen Landbau betreibt, kommen biologisch einwandfreie Lebensmittel auf den Tisch. Eine entsprechende Broschüre verschickt das Polnische Fremdenverkehrsamt, informieren kann man sich im Internet unter **www.agroturysty ka.pl** und **www.eceat-poland.w.pl.** Keinerlei Verständigungsprobleme hat, wer beim »Verband deutschstämmiger Landfrauen« bucht:

Ermländisch-Masurischer Verband
deutschstämmiger Landfrauen
ul. Partyzantów 3, 10–522 Olsztyn;
Tel./Fax 00 48/89/5 27 20 81;
E-Mail: landfrauen@olsztyn.ken.pl

Eine spezielle Vermittlung von Privatzimmern (Biuro Zakwaterowania) gibt es nur in wenigen Orten. Vielfach vermieten Hausbesitzer ihre

Privatunterkünfte und Herbergen

Zimmer privat, weshalb man auf Schilder mit der Aufschrift »noclegi« oder »pokoje« achten sollte.

Der polnische Verband für Touristik und Landeskunde PTTK unterhält preiswerte, oft in regionaltypischem Stil erbaute Herbergen. Sie liegen an landschaftlich attraktiven Stellen und sind für Aktivurlauber konzipiert – Treffpunkte für Wanderer, Radfahrer und Kanufahrer. Generell sollte man jedoch an derartige Herbergen keine hohen Ansprüche stellen. So verfügen sie oft nur über Mehrbettzimmer, Toiletten und Duschräume benutzt man gemeinsam. Noch ein Stück bescheidener ist die »stanica wodna«, das an Wasserrouten gelegene »Bootshaus«.

Eine qualitative Zweiteilung gibt es auch bei den Jugendherbergen. Doppelzimmer haben nur die in großen Städten wie Gdańsk (Danzig) und Olsztyn (Allenstein). Während der Sommerferien werden Schulen zu »Saisonherbergen« (mit Massenschlafsälen) umfunktioniert.

Die Campingsaison dauert in der Regel von Mitte Mai bis Mitte September. Campen ist nur auf den dafür vorgesehenen Zeltplätzen gestattet. Sie verfügen über Imbissstuben und sanitäre Einrichtungen. Der ADAC gibt in seinem jedes Jahr neu erscheinenden Führer Auskunft über Verbesserungen im Service. Daneben gibt es in Masuren zahlreiche extrem einfache Biwakplätze, wo man kostenlos oder gegen geringe Gebühr das Zelt aufschlagen darf.

Hotels, Gästehäuser und Pensionen bucht man direkt oder übers Internet. Die Hotels und Landhäuser, Pensionen und Herbergen wurden in vier Preisklassen unterteilt. Die angegebenen Preise gelten jeweils für ein Doppelzimmer mit Frühstück. Für ein Einzelzimmer zahlt man in der Regel 70 % des Preises vom Doppelzimmer. Alle Preise beziehen sich, wenn nicht anders angegeben, auf die Hauptsaison, d. h. die Monate Juli und August. In der Nach- bzw. Nebensaison, in Städten auch am Wochenende gewähren viele Hotels und Gästehäuser starken Preisnachlass.

Ehemalige Gutshöfe und Schlösser

Eine stilvolle Alternative, um in Masuren zu übernachten.

In Masuren kann man schlafen wie die Grafen, in einer mittelalterlichen Ordensburg oder im feudalen Schloss! Der preußische Hochadel besaß in dieser Region seine schönsten Residenzen, einige von ihnen sind heute in stilvolle Hotels umgewandelt worden. Schon im 13. Jh. waren die Dönhoffs, Dohnas, Lehndorffs und Finckensteins im Tross der Ordensritter ins Land gekommen und hatten als Sold für Kriegsdienste Amt und Großgrundbesitz erhalten. Untereinander verschwistert und verschwägert, hatten sie besten Kontakt zum Königshaus und häuften immensen Reichtum an. Ein Teil davon floss in den Bau von Schlössern, in denen sie standesgemäß residierten.

Wer von der Küste kommt, kann die Schlosstour in der Kaschubei beginnen. Im Weiler **Krokowa** (Krockow), 10 km von der Ostsee entfernt, steht ein restauriertes Schloss. Bauherr war Albrecht Wickerode von Krockow, dessen Nachfahren Graf Albrecht senior und Ulrich junior sich 700 Jahre später für seine Umwandlung in ein Kulturzentrum einsetzten. Heute werden hier Ausstellungen, Konzerte und Lesungen organisiert. Wer über Nacht bleiben will, findet mit Antiquitäten eingerichtete Zimmer und stärkt sich im Restaurant mit kaschubischen Spezialitäten. Als Bettlektüre sei die »Reise nach Pommern« empfohlen: Verfasst hat sie der 2002 verstorbene Christian Graf von Krockow, der darin seine Jugend auf dem Schloss schildert. Wer will, kann in Krokowa auch reiten: Auf Wunsch werden vom nahen Gestüt Pferde ausgeliehen (Hotel Zamek; ul. Zamkowa 1, 84–110 Krokowa; Tel. 0 58/7 74 21 11, Fax 7 74 21 10; www.centrum.home.pl; 37 Zimmer ●●/●●● MASTER VISA ⋯⋯➔ S. 108, A 1).

Reiten kann man auch in **Kadyny** (Cadinen) am Frischen Haff. Der letzte deutsche Kaiser Wilhelm II. ließ hier Trakehner züchten, inzwischen sind es die größeren, als Sportpferd gleichfalls beliebten »Großpolen«. In den Wirtschaftsgebäuden des ehemaligen

kaiserlichen Jagdpalais betreibt der Engländer Dan Vowles das noble Vier-Sterne-Hotel Kadyny Country Club, gespeist wird in der »alten Destille« (Kadyny Country Club, 82–340 Tolkmicko; Tel. 0 55/2 31 61 20, Fax 2 31 62 00; www.kadyny.com.pl; 40 Zimmer ●●● CREDIT 🐕 ⸱⸱⸱⸱→ S. 109, E 3).

Für seine Majestät gab Julius Ulrich von Mirbach, der Schlossherr von **Sorkwity** (Sorquitten), Rotwildjagden, wofür sich der Kaiser mit der Verleihung des Grafentitels revanchierte. Heute geht man in Sorkwity lieber auf Kanutour: Unmittelbar vor dem Schloss startet die beliebte Krutynia-Route (→ S. 85). Das im Tudor-Stil errichtete Backsteinschloss mit seinen Zinnen und Türmen wirkt extravagant, die Zimmer sind eher solide, einige haben herrlichen Seeblick (Hotel Zamek; ul. Zamkowa 15; Tel. 0 89/7 42 81 89, Fax 7 42 82 51; www.palacsorkwity.pl; 12 Zimmer ●● 🐕 ⸱⸱⸱⸱→ S. 117, E 17).

Zum Gut Sorquitten gehörte der Nachbarweiler **Jędrychowo** (Hein-

richshöfen), wo man im ehemaligen Jagdschlösschen unterkommt: Albrecht von Klitzing, Spross einer preußischen Adelsfamilie, bietet Zimmer im ehemaligen Pferdestall, dazu einen eigenen Bootssteg und einen Strand (Hotel im Park, Jędrychowo 15; Tel./Fax 0 89/7 42 81 87; www.hotelimpark.com.pl; 29 Zimmer ●● MASTER VISA 🐕 ⸱⸱⸱⸱→ S. 117, E 17).

Wer das Ambiente einer Ordensburg kennen lernen will, fährt nach **Reszel** (Rössel). Die Backsteinfestung, in der einst die ermländischen Bischöfe herrschten, ist heute ein Kulturzentrum, die zweigeschossigen Gästezimmer sind einfach, aber urig (Zamek, ul. Podzamcze 3, 11–440 Reszel; Tel. 0 89/7 55 01 09, Fax 7 55 15 97; www.zamek-rzeszel.com; 16 Zimmer ●● MASTER VISA ⸱⸱⸱⸱→ S. 111, E 8)

An der einstigen Grenze zwischen Ordensstaat und Königreich Polen steht die Burg **Nidzica** (Neidenburg) – heute eine schmucke Unterkunft (Hotel Gregorovius, ul. Zamkowa 2, 13–100 Nidzica; Tel. 0 89/6 25 51 93; 20 Zimmer ●● ⸱⸱⸱⸱→ S. 116, B 19).

Die größte und schönste aller Ordensburgen ist freilich **Malbork** (Marienburg), wo einst der Hochmeister residierte (Hotel Zamek, ul. Starościńska 14; Tel. 0 55/2 72 84 00, Fax 2 72 33 67; 42 Zimmer ●● MASTER VISA 🐕 ⸱⸱⸱⸱→ S. 109, D 4).

Wer ein Faible für Schlosshotels hat, wird in Masuren mehrfach fündig, etwa im schön gelegenen Schloss Sorkwity, das im Tudor-Stil erbaut wurde.

Essen und Trinken

Frischer Fisch und zur Verdauung ein »Wässer-chen« – Masurens Küche ist herzhaft und einfach.

Hier ist bereits der Einkauf ein Genuss: Fleischerei mit aufwendiger Innenausstattung und reich verzierter Ladentheke.

In Masuren isst man typisch polnisch, allerdings sorgen Fische und Krustentiere für das besondere Lokalkolorit. Als Vorspeise empfiehlt sich eine der köstlichen Suppen. Ein Klassiker ist »barszcz«, eine säuerliche Rote-Beete-Suppe, die mit gefüllten Teigtaschen, den so genannten »Öhrchen«, oder mit knuspriger Krokette gereicht wird. Im Frühjahr wird sie mit grünen Rübenblättern angereichert, im Sommer serviert man sie als Kaltschale mit Joghurt und Gurke. Als Alternative bietet sich »żurek« an, eine auf der Grundlage von Sauermilch und fermentiertem Roggenmehl zubereitete Suppe, auf deren Grund ein halbes Ei schwimmt. Besonders gut schmeckt sie, wenn sie statt im Teller in einem ausgehöhlten Brotlaib serviert wird: Der säuerliche Geschmack wird dadurch noch verstärkt. Bei einem Ausflug in die Kaschubei sollte man die Nusssuppe probieren; sie wird in bunten Keramikkrügen serviert und ist besonders gut in den Gasthäusern von Kartuzy.

Als Hauptspeise erfreuen sich »pierogi« großer Beliebtheit. Diese halbmondförmigen Teigtaschen werden mit diversen Füllungen zubereitet. Am häufigsten isst man sie mit einer pikanten Mixtur aus Zwiebel, Kartoffeln und Quark (»po ruskie«), mit Pilzen (»z pieczarkami«), Fleisch (»z mięsem«) oder mit Sauerkraut (»z kapustą«). Gern werden »pierogi« mit heißem Schmalz und Speckgrieben übergossen, dazu bestellt man saure Sahne (»śmietana«) oder Kefir. Auch »bigos«, eine altpolnische Jägermahlzeit aus gedünstetem Sauerkraut, Pilzen und Fleisch, sollte man versuchen. Je länger der »bigos« steht und je öfter er aufgewärmt wird, desto besser wird er im Geschmack. Deshalb protestieren Polens Gastronomen auch heftig gegen EU-Normen, denen zufolge das mehrmalige Aufwärmen unhygienisch ist und verboten gehört.

Waldpilze sind von der polnischen Tafel nicht wegzudenken, sage und schreibe 42 wichtige Speisepilzarten sind im Land registriert. Im Frühherbst schwirren ganze Großfamilien

Pilzparadies Masuren

aus, um sie zu ernten. Da gibt es Steinpilze, im Polnischen »prawdziki« (die Wahrhaftigen) genannt, außerdem Pfifferling und Reizker, Morchel und Milchling, Birken- und Butterpilz. Die Tradition des Sammelns reicht in jene Zeit zurück, als den meisten Polen nichts anderes übrig blieb, als sich mit Riesenvorräten an Pilzen über den langen Winter zu retten. Aus der Not machten sie eine Tugend und erfanden allerlei Gerichte, um das Menü zu variieren: Pilze werden mariniert, in Butter oder saurer Sahne gedünstet, in Fleischrouladen gerollt, oft auch getrocknet und als Aroma für Suppen und Soßen verwendet.

Das Schnitzel zählt nicht zu den Highlights der polnischen Küche, nicht selten verbirgt sich dahinter ein Hackbraten mit einer Portion Ketschup. Wer in Polen gut essen will, sollte lieber Geflügel und Wildgerich-

Fisch oder Fleisch

te bestellen. Manchmal werden sogar Exotika wie Wildschwein-Carpaccio und -pastete, Hirschschinken und Wisentfleisch angeboten. Ausgezeichnet schmeckt auch »Ente auf Danziger Art«, gefüllt mit Apfel, Pflaumen und anderem Trockenobst.

Natürlich ist in Masuren in erster Linie Fisch angesagt: Er kommt aus einem der vielen Seen, aus dem Fluss oder vom Frischen Haff. In der Ostsee wird am häufigsten Hering gefangen, gefolgt von Zander, Aal, Hecht und Lachs. Die beliebtesten Süßwasserfische sind Maränen mit zartem, lachsähnlichem Fleisch, Schleien und Barsche. Fast jeder Ort hat seine

»smażalnia ryb«, eine Bräterei mit angeschlossenem Imbiss, in der man frischen Fisch vom Rost (»z rusztu«) oder geräuchert (»wędzony«) bekommt, meist in ein Brötchen geklemmt. In Restaurants geht es aufwendiger zu: Auf Wunsch wird Fisch gedünstet, gebraten, gekocht, sautiert und flambiert. Hering (»sledź«) wird gern in saurer Sahne, in Zwiebel- oder Gemüsesoße eingelegt. Karpfen kommt oft in Aspik »auf jüdische Art« (»karp po żydowsku«) auf den Tisch und erhält durch die Beigabe von Rosinen und Mandeln einen süßen Beigeschmack. Zander »im Friesenmantel« (»sandacz w stormiaku«) wird in Pergamentfolie gebacken, so dass sein Fleisch saftig-zart bleibt.

Kompott oder Saft

Zum Essen trinkt man eines der vielen einheimischen Mineralwasser oder man wählt Kompott, eine süßliche Flüssigkeit mit Früchten. Auch Saft wird nicht verschmäht, beliebt ist vor allem der aus der schwarzen Johannisbeere. Wer Alkoholisches bevorzugt, greift zu Bier der Brauereien EB (aus Elbląg) und Lech (aus Gdańsk). In besseren Restaurants gibt es eine große Auswahl an Weinen aus aller Welt, allerdings zu hohen Preisen.

Zum Abschluss Wodka

Zum Abschluss des Mahls trinkt man gern einen Wodka. 20 verschiedene Sorten bietet allein Polmos, die größte Destillerie im Land. Es ist kaum zu glauben, wie viele Nuancen aus Getreide bzw. Kartoffeln, den beiden wichtigsten Ingredienzien, gezaubert werden können. Die Palette reicht vom »Chopin«, einem milden Luxus-Wässerchen, über kristallklaren, leicht süßlichen »Krakus« bis hin zum »Lajkonik«, der seinen Namen einem Tatarentöter aus dem 13. Jh. verdankt. Eine besondere Delikatesse ist »Starka«, der nach jahrelanger Lagerzeit im Eichenfass eine goldene Tönung und ein mildes Aroma erlangt. Die Tradition jüdischer Spirituosen wird gleichfalls wiederbelebt. Da gibt es »Jankiel«, dessen Plakette einen orthodoxen Juden zeigt, »Cymes«, der mit einem Hauch Zimt gewürzt ist, koscheren »Pessah« und schließlich »Fiddler«, der an den Broadway-Erfolg »The Fiddler on the Roof« anknüpfen soll.

Eine weitere hochprozentige masurische Spezialität ist »Bärenfang«, ein jeweils zu 50 % aus Honig und Alkohol bestehender Schnaps. Seinen Namen trägt er in Erinnerung an die pruzzischen Jäger, die diese Mixtur an Bäumen aufstellten, um die honiggierigen Bären in die Falle zu locken. Betört und betäubt vom klebrigen Nass war es ein Leichtes, sie zu fangen und zu erlegen.

Die Restaurants in Masuren sind in der Regel von 12–22 Uhr, die Cafés von 8–19 Uhr geöffnet; Ruhetage sind selten.

MERIAN-Tipp

1 Fisch im Goldwasser

Liebevoll eingerichtetes Restaurant an der Danziger Uferpromenade: Je nach Stimmung und Wetterlage sitzt man in einer schummrigen Nische, auf der Galerie unter Kristalllüstern oder auf der efeuumrankten Terrasse mit Blick auf vorbeifahrende Schiffe. Herr Dockerill sorgt dafür, dass Krebs und Lachs, Hecht und Dorsch stets frisch und appetitlich zubereitet sind. Zum krönenden Abschluss gibt es einen Likör mit 22-karätigen Rauchgoldflittern, das berühmte, in Danzig vor 400 Jahren erfundene »Goldwasser«.

Kamienica Goldwasser, ul. Długie Pobrzeże 22; Tel. 0 58/3 01 12 44

●●● CREDIT

····→ Umschlagkarte hinten, d 4

Einkaufen

Exportschlager sind Bernstein, kaschubische Keramik und bäuerlich-naive Skulpturen.

Bernstein, das Gold der Ostsee, wird vielerorts und für jeden Geschmack und Geldbeutel angeboten.

Bereits vor 2000 Jahren kamen römische Kaufleute auf der so genannten Bernsteinstraße in den Ostseeraum, um das »Gold des Nordens« zu erwerben. Und bis heute erfreut sich Bernsteinschmuck großer Beliebtheit; Ohrringe, Broschen und Ketten schillern in ockerbrauner oder auch rötlicher Tönung. Daneben gibt es Lampenschirme à la Tiffany, Bilderrahmen und Schachfiguren, Briefbeschwerer und Schatullen. Designerstücke findet man vor allem in Gdańsk (Danzig), wo mehr als tausend Kunsthandwerker in Werkstätten beschäftigt sind. Und wer nach einem starken Sturm den Strand an der Frischen Nehrung entlang spaziert, entdeckt mit etwas Glück Bernstein in Rohform: fossile Harzsplitter, versteckt zwischen Seetang und Sand.

Die Altstadt von Gdańsk ist zudem eine Fundgrube für maritime Souvenirs, Schiffsmodelle und Antiquitäten. Schnäppchenjäger besuchen die Stadt im August: Für die Dauer von zwei Wochen findet im Schatten der Marienkirche und längs der Mottlau der große Dominikanermarkt statt, dessen Geschichte bis ins Jahr 1260 zurückreicht. Zahlreiche Kuriosa werden an den Ständen verkauft – und es darf gehandelt werden.

Kunsthandwerk und naive Kunst

Kunsthandwerk wird in Galerien und kleinen Läden in Gdańsk, Elbląg, Olsztyn, Giżycko und Mikołajki angeboten. Besonders attraktiv sind mundgeblasenes Glas, kaschubische Keramik mit dem typischen Pfauenmuster, geknüpfte Wandteppiche und bestickte Leinendecken. Preiswert ist der ans Museum für Volkskultur angeschlossene Laden in Węgorzewo.

Polens naive Kunst wird nur selten von Profis, sondern fast immer von bäuerlichen Autodidakten hergestellt. Man merkt ihr an, dass sie noch einer archaischen Welt entstammt, die vom Wechsel der Jahreszeiten, von Glauben und Gottvertrauen bestimmt ist. »Ich stelle mir vor«, so erläutert der Kaschube Kostka seine Arbeit, »wie der heilige Franziskus den Vögeln zuschaut und Johannes der Täufer am Flussufer sitzt.« Er ist mit den Heiligen auf »Du«, seine Werke entspringen einer fast kindlichen, durch keine akademische Vorbildung getrübten Fantasie. So gibt es keine korrekten Proportionen, er malt mit bunten Farben, der Strich ist grob.

Märkte nicht nur für Kuriosa

Das Material für ihre Werke finden die Schnitzer im Wald: Holz ist im Überfluss vorhanden – verwertet wird alles, was sich hauen und stechen lässt. Neben der ganzen Heiligenschar haben die Schnitzer dralle Engel und kecke Teufel im Angebot, außerdem Vögel und andere Tiere.

Spaß macht es, auf Wochenmärkten einzukaufen, wo Holzschnitzereien und Keramik, Gemüse und Obst feilgeboten werden. Hier bekommt man auch selbst geschöpften Käse und eingelegte Dillgurken aus dem Fass, Gänseschmalz und Bienenhonig, Steinpilze und Kräuter, frisch und getrocknet. Neben gackernden Hühnern kauern Kinder mit Körbchen voller Waldbeeren; eine Delikatesse sind die kleinen wilden Erdbeeren, an deren Geschmack keine Zuchtfrucht heranreicht.

Gegenwärtig gibt es in Polen keine streng festgelegten Öffnungszeiten, ein Ladenschlussgesetz existiert nicht. Die meisten Geschäfte sind Mo–Fr 7–19 und Sa 8–13 Uhr geöffnet, Supermärkte in der Regel werktags 8–20 Uhr. In größeren Städten bleiben Lebensmittelläden oft auch nachts geöffnet.

Feste und Events

Country Picnic, Dominikanermarkt und orthodoxe
Choräle: Der Kulturkalender ist multikulturell.

*Viele Feste sind religiösen Ursprungs und in der Volkstradition verankert, so auch der
farbenfrohe Fronleichnamsumzug.*

Die Polen lieben es zu feiern. Kirchliche Feiertage und Familientreffen bilden den Rahmen für ausgelassene Feste, bei denen ein üppiges Mahl aufgetischt wird und der Wodka in Strömen fließt. Fetzige Musik zieht Groß und Klein auf die Bühne: Rentnerpaare schwingen das Tanzbein ebenso wie junge Leute, und selbst Kinder mischen kräftig mit. Dass kirchliche Feiertage gekippt werden könnten, um die Jahresarbeitszeit zu erhöhen, ist in Polen undenkbar. Als die Regierung einen leisen Vorstoß in diese Richtung unternahm, wurde sie der Gotteslästerung bezichtigt, denn Spaß muss sein!

Zu Ostern wird die Passion Christi mit Pathos in Szene gesetzt, der Zuschauer erlebt das heilige Abendmahl, den Judasverrat und die Kreuzigung. Bei den Prozessionen zu Fronleichnam wird die Straße mit Blumen übersät, Teppiche mit dem Konterfei des Papstes verzieren die Balustraden der Balkons. Mitte August, zu Mariae Himmelfahrt, ergießt sich ein nicht enden wollender Pilgerstrom nach Święta Lipka (Heiligelinde). Inbrünstige Frömmigkeit paart sich mit turbulenter Kirmesatmosphäre: ein Schauspiel, das sich knapp drei Wochen später, an Marias Geburtstag, wiederholt.

Wer Kirchen ohne religiöses Zeremoniell erleben will, besucht Konzerte von Orgel-, Chor- und Kammermusik im Rahmen der sommerlichen Musikfeste, die von den einzelnen Gemeinden organisiert werden. Internationales Renommee genießt das Musikfestival der Dreistadt, das in den schönsten Kirchen von Gdańsk (Danzig) stattfindet.

Bei den Festen und Festivals mit vorher festgelegten Terminen sind diese angegeben. Bei vielen anderen Festen stehen die genauen Daten meist erst kurz vorher fest; in diesen Fällen ist es sinnvoll, einige Wochen vor der Reise bei der örtlichen Touristeninformation nachzufragen.

JANUAR-MÄRZ
Eissegelrennen
Wenn die »masurischen Meere« zugefroren sind, starten Eissegelprofis zum Wettrennen zwischen Mikołajki im Süden und Giżycko im Norden. Bei gutem Wind erreichen sie Geschwindigkeiten von 150 km/h.

MAI
Internationales Theaterfestival »Kontakt« in Toruń
Größter Theatertreff in Osteuropa mit breitem Repertoire: Revue-, Straßen- und Volkstheater.

Internationales Festival der russisch-orthodoxen Kirchenmusik
Aus den östlichen Nachbarstaaten reisen Männerchöre an, um in den Kirchen von Hajnówka Kostproben ihres Könnens zu geben.
Meist ab Mitte Mai

Tage von Giżycko
Die Sommersaison wird mit bunten Umzügen, Tanz und Folkloredarbietungen eröffnet.

JUNI
Johannisfeuer
Am Tag der Sommersonnwende werden heidnische Bräuche belebt: Weit leuchtende Feuer werden entzündet, der Sonne wird ein Dankfest zelebriert. An Flüssen und Seen wirft man gewundene Blumenkränze ins Wasser.
21. Juni

Orgelmusikfestival in Oliwa
Konzerte religiöser Musik und Weltpremieren in der Kathedrale von Oliwa, wo eine der größten Orgeln Polens erklingt.

Tage der Meereskultur
Die Ostseestädte Sopot, Gdynia und Hel laden zu Jazz-, Shanty- und Klassikkonzerten sowie einem großen Feuerwerk ein.
Letzte Juniwoche

Pilgerfahrt

Am 29. Juni, dem Tag der Heiligen Apostel Peter und Paul: Bootsprozession zwischen Puck und der Halbinsel Hel. Auf halbem Weg treffen sich die bunt bewimpelten Boote, und der Danziger Bischof zelebriert eine Messe auf hoher See.

29. Juni

Stinthengstfest in Mikołajki

Lebhaftes Stadtfest mit Theater und Folklore, einer großen Regatta, außerdem Rockkonzerten und zahlreichen Sportveranstaltungen.

Letztes Juniwochenende

JULI
Regatta in der Putziger Bucht

Traditioneller Wettstreit kaschubischer Segelboote in der Putziger Bucht.

Zweite Julihälfte

Festival für Straßentheater in Gdańsk

Fünf Tage lang verwandeln Tänzer und Gaukler die Straßen der Stadt in eine große Bühne.

Gdynia Summer Jazz Days

Für Jazzfans aller Geschmacksrichtungen treten Stars aus aller Welt rund um die Mole von Gdynia auf.

Ritterturniere in Golub Dobrzyń

Mittelalterliche Schaukämpfe in der Ordensburg, dazu Wettbewerbe im Armbrustschießen.

Schlacht bei Tannenberg

In Grunwald wird die bedeutende Schlacht des Jahres 1410 mit über 1000 »Rittern« aus ganz Europa nachgestellt. Sie kommen in Rüstung und historischem Kostüm und treten hoch zu Ross gegeneinander an. Nicht nur für Kinder ein Erlebnis!

14. Juli

Hafenfestival in Mikołajki

Besucher werden mit Shantys, Blues und Pop unterhalten.

Picknick Country Festival in Mrągowo

»Amerika lässt grüßen«: Stars & Stripes, Country & Rock – das Festival bedeutet Ausnahmezustand im sonst stillen Mrągowo.

Kresy – Kulturfestival der polnischen Ostgebiete

Polens »Heimatvertriebene« aus der heutigen Ukraine, Weißrussland und Litauen treffen sich in Mrągowo, singen ihre alten Lieder und bieten östliche Spezialitäten an.

Bluesfestival in Olsztyn

Vorwiegend polnische Bluesmusiker treffen sich an der Burg und auf der Freilichtbühne am Ukiel-See.

Stadtfest in Szczytno

An der Burgruine am See zeigt die »Bruderschaft von Armbrust und Schwert«, was sie kann: Das Ritterturnier dauert drei Tage und Nächte.

Ende Juli

Shanty-Festival in Giżycko

Im Amphitheater der Festung Boyen werden Seemannslieder vorgetragen – vor allem die Jugend ist begeistert.

Tage von Gołdap

Mit Popkonzerten, einer Miss-Wahl und Rundflügen über die Stadt.

JULI/AUGUST
Musikfestival in der Dreistadt

Orgel-, Chor- und Kammermusik in der Marienkirche, der Kathedrale von Oliwa und vielen weiteren Gotteshäusern.

Baltic Sail in Gdańsk

Segelregatta in der Danziger Bucht und als krönender Abschluss ein Shanty-Festival.

Sommer in Sopot

Jazz, Rock und Klassik rund um die Mole, dazu Theateraufführungen polnischer Ensembles.

Barockfestival Święta Lipka
In der berühmten Kirche von Heilige-
linde werden alle Register gezogen:
Auf der Orgel erklingen Klassiker von
Bach bis Händel.

Sommer in Giżycko
Segelregatten, Surfmeisterschaften
und abendliche Volksfeste.

AUGUST
Dominikaner-Jahrmarkt in Gdańsk
Beim großen traditionsreichen Fest
geben sich Bernsteinverkäufer, Kunsthandwerker und Trödler ein Stelldich-
ein. Dazu viele Musikveranstaltungen.

Sopot Festival
Die Freilichtbühne der Waldoper ist
Austragungsort des bekannten Schla-
gerfestivals. An der Mole trifft man
sich derweilen zu Jazz & Rock.

**Shakespeare-Festival
in der Dreistadt**
Eines der bedeutendsten Theater-
ereignisse in ganz Polen mit langjäh-
riger Tradition.

Burgfestspiele in Malbork
In der Marienburg treten verschiedene Akteure und Musiker in historischen Kostümen an.

SEPTEMBER
Herbst in Masuren
In Mrągowo, Mikołajki und Giżycko
endet die Sommersaison und wird
der Herbst mit Folkloredarbietungen
und Tanz eingeläutet.

OKTOBER
Hubertusrennen
Ab Ende des Monats werden in den
Gestüten Masurens und der Ostseeküste Fuchsjagden abgehalten. Wer
teilnehmen möchte, wendet sich am
besten direkt an die jeweiligen Gestüte und Reiterhöfe.

DEZEMBER
Nikolausmarkt in Gdańsk
In der Adventszeit verwandelt sich die
Danziger Altstadt in ein buntes Lich-
termeer mit vielen Verkaufs- und Im-
bissständen.
Ab dem letzten Novemberwochenende

*Mittelalter pur kann man bei den alljährlich stattfindenden Ritterturnieren in
Golub erleben.*

Sport und Freizeit

Masuren ist ein ideales Urlaubsziel für Radler und Wanderer, Reiter, Segler und Kanuten.

Eine gemütliche Fahrt mit der Pferdekutsche macht nicht nur Kindern Spaß – vor allem, wenn sie zu den Dünen am Strand führt.

Die Landschaften und Gewässer Masurens sind ökologisch ziemlich intakt. Man findet eine Vielzahl kristallklarer Seen, in denen es sich herrlich baden lässt. Offizielle Strände sind mit Bojen gekennzeichnet und werden von Rettungsschwimmern bewacht. Doch allein zum Baden kommen die wenigsten Urlauber hierher. Dafür gibt es zu viel zu entdecken, besonders wenn man das Auto an einem sicheren Ort stehen lässt und sich zu Fuß, auf dem Rad oder im Boot fortbewegt. Mittlerweile kann man sich in Masuren vielerorts alles problemlos ausleihen, was man für sportliche Aktivitäten benötigt: Fahrräder, Mountainbikes, Boards und Yachten. Man bekommt sie in allen größeren Ferienzentren, oft sogar in abgelegenen Hotels und Pensionen. Hoteliers und andere Geschäftsleute haben sich darauf eingestellt, dass die meisten Urlauber nicht zum Ausruhen kommen – sie wollen das Land der 3000 Seen aktiv erleben.

Angeln

Der Tierreichtum in den masurischen Flüssen und Seen sowie in den angrenzenden Biebrza-Sümpfen ist beachtlich. Über 50 Fischarten bevölkern die Gewässer; Hecht und Wels, Maräne und Zander sind die begehrtesten. Zum Angeln benötigt man eine spezielle Erlaubnis, der beim zentralen Angelverband in Warschau oder vor Ort in Fischereiämtern und Hotels, oft auch auf Campingplätzen, ausgestellt wird. Dort erhält man auch Informationen über Schonzeiten, Tageslimits des Fischfangs und die möglichen Arten des Angelns.

Polnischer Angelverein PZW (Polski Związek Wędkarski), ul. Twarda 42, 00–831 Warszawa; Tel. 0 22/6 20 89 66, Fax 6 20 50 89; www.zgpzw.pl; ul. Bałtycka 2, 10–136 Olsztyn; Tel. 0 89/5 27 34 60; www.zgpzw.pl; hilfreich ist auch die Homepage von Johann Kornek, der Angelreisen nach Polen organisiert (www.angeln-in-polen.de)

Birdwatching & Wildbeobachtung

Vogelfreunde wissen, dass der Nordosten Polens eines der interessantesten Gebiete für Birdwatching ist. Auf dem Łuknajno-See nordöstlich von Mikołajki leben zur Brutzeit von April bis Mai etwa 1300 Höckerschwäne. Fast ebenso viele Kormorane tummeln sich auf dem Dobskie-See nordwestlich von Giżycko. Doch damit nicht genug: »Tausende von Enten«, schrieb schon Marion Gräfin Dönhoff in ihren Erinnerungen an Ostpreußen, bevölkerten den Mamry-See, außerdem »Blesshühner, Rohrdommeln, Wildgänse, Schwäne, gelegentlich auch Seeadler«.

Das Eldorado für Ornithologen liegt weiter östlich in Europas größtem Feuchtgebiet rings um Biebrza und Narew. Insgesamt 235 Vogelarten sind dort anzutreffen, darunter der Schwarzstorch, der sein Nest fernab von Menschen in hohen Baumwipfeln errichtet. Im »polnischen Amazonas« leben auch Biber, die ihre Burgen am liebsten am Flussufer bauen, sowie Elche, die hervorragende Schwimmer sind. Wisente auf freier Wildbahn gibt es in Europa nur noch im Białowieski-Nationalpark, wo eine Zuchtstation für sie eingerichtet wurde. Einige Wisente wurden 1957 im Borkener Forst ausgesetzt. Nahe dem Weiler Wolisko werden sie jeden Morgen nach 8 und nachmittags nach 17 Uhr gefüttert, so dass man sie gut beobachten kann. Anfahrt: von Giżycko über Kruklanki nach Jurkowo, dort links bis zum Parkplatz am See von Wolisko. Weitere Infos erhält man im Forstamt Borki (Tel. 0 87/42 17 30 53).

In den Nationalparks Biebrza und Narew haben sich mehrere Agenturen auf Birdwatching spezialisiert, in Białowieża starten Expeditionen in den Urwald. Die Führer sind ausgebildete Biologen und sprechen Deutsch oder Englisch.

Bird Service, ul. Św. Krzyża 17, Kraków; Tel. 0 12/2 92 14 60, Fax 2 92 11 53; www.bird.pl

Masuren ist ein ideales Terrain für Urlaub auf dem Sattel: Das Angebot reicht von edlen Zuchtpferden bis zu pflegeleichten Ponys.

Direktion des Nationalparks Biebrza, Osowiec Twierdza; Tel. 0 86/2 72 06 20, Fax 2 72 06 21; www.biebrza.org.pl
Nature Travel, ul. Wyszyńskiego 2/1, Białystok; Tel. 0 85/7 44 45 62, Fax 7 44 45 33
Marshland Tourist Center Narew, Waniewo 11; Tel./Fax 0 86/4 76 47 80
PTTK, Białowieża; Tel. 0 85/6 81 22 95

MERIAN-Tipp

⭐ ❷ **Eissegeln auf zugefrorenen Seen**

Auf vereisten Seen durch eine Märchenlandschaft flitzen – der masurischste Wintersport! Auf einem mit Kufen ausgerüsteten Segelboot fliegt man schon bei leichten Böen mit 50 km/h (!) übers »masurische Meer«. Die Kunst besteht darin, nicht seitlich wegzukippen oder sich zu überschlagen. Spezialist für Eissegeln ist Tomasz Zakrzewski in Mikołajki, Besitzer des Hotels Caligula und der Pension Relax. Im Sportzentrum von Giżycko werden ebenfalls Kurse angeboten. ⇢ S. 117, F 17

GOLF

Im Sozialismus war Golf tabu, heute ist der Sport auch in Polen en vogue. Golfen kann man in der sanft gewellten Seenlandschaft der Kaschubei, wo rings um einen See bei Postołowo eine 18-Loch-Anlage angelegt wurde. Bei Olsztyn eröffnete der Mazury Golf & Country Club mit mittlerweile 30 Löchern, ans Hotel Gołębiewski in Mikołajki ist eine Golfakademie (mit Indoor-Driving-Range) angeschlossen.
Gdańsk Golf & Country Club, Postołowo, 80–430 Ełganowo; ⇢ S. 108, A 3
Tel. 0 58/6 83 71 00; www.golf.com.pl
Mazury Golf & Country Club, Naterki (bei Olsztyn), 11–035 Unieszewo; ⇢ S. 116, B 18
Tel. 0 89/5 13 15 40; www.mazurygolf.pl
Golf Gołębiewski, ul. Mrągowska 34, 11–730 Mikołajki; Tel. 0 87/4 29 07 00, Fax 4 29 07 44; www.golebiewski.pl ⇢ S. 117, F 17

KANUFAHREN

In Masuren kann man ohne Übertreibung wochenlang paddeln, ohne eine Strecke doppelt zu fahren. Als Klassiker gelten die Flussläufe der Krutynia (→ Routen und Touren, S. 85) und der weiter östlich gelegenen Czarna Hańcza.

Boote können von Mai bis Ende September in den Wassersportzentren von Mikołajki, Ruciane Nida, Giżycko, Węgorzewo, aber auch in vielen Hotels und Pensionen ausgeliehen werden; das Vorzeigen eines Freischwimmerzeugnisses ist nicht mehr nötig. Wer bequemere Lösungen vorzieht, fährt nach Krutyń und lässt sich auf der flachen Krutynia von Gondolieri staken.

RAD FAHREN

Geringe Höhenunterschiede, lange Alleen und immer wieder Badeseen, die zum Sprung ins Wasser einladen: Masuren ist für Radler wie geschaffen (→ Routen und Touren, S. 88). Viele »Radwege«, vor allem rings um die Großen Masurischen Seen, wurden in den letzten Jahren markiert, wobei es sich aber durchweg nicht um separate Bike-Spuren, sondern um wenig befahrene Nebenstraßen handelt. Für Masuren empfiehlt sich daher die Mitnahme eines stabilen Touren- bzw. Trekking-Rads mit gutem Reifenprofil und ausreichender Gangschaltung für Sand- und Waldwege. Sechs Gänge sind vorteilhaft, Felgenbremsen ein Muss; ein Spiral- und Bügelschloss schreckt potenzielle Diebe ab. Knallbunte Biker-Montur ist vielleicht nicht jedermanns Sache, hilft aber dabei, von Autofahrern besser wahrgenommen zu werden. Wer dagegen nur hin und wieder in die Pedale treten möchte, leiht sich besser vor Ort ein Rad: In jedem größeren Ferienort und in vielen Hotels gibt es Bike-Stationen, wobei die Preise für gute Modelle nicht gerade niedrig sind (ab 10 € pro Tag). In lokalen Bussen werden Räder prinzipiell nicht befördert, wohl aber in Zügen, die auf dem Fahrplan mit Koffer- bzw. Radsymbol markiert sind. Für Drahtesel muss ein separates Ticket, das »bilet rowerowy«, gelöst werden. Wer lieber organisiert unterwegs ist, greift auf Pauschalangebote zurück. Hier eine kleine Auswahl: **innaTOURa**, Nussanger 6, 37079 Göttingen; Tel. 05 51/5 04 65 71, Fax 5 04 69 24; www.innatoura-polen.de **DNV-Touristik**, Heubergstr. 21, 70806 Kornwestheim; Tel. 0 71 54/13 18 30, Fax 18 29 24; www.dnv-tours.de **Natours**, Untere Eschstr. 15, 49179 Ostercappeln; Tel. 0 54 73/9 22 90, Fax 82 19; www.natours.de **ADFC** (Allgemeiner Deutscher Fahrrad Club), Postfach 107747, 28077 Bremen; Tel. 0 18 05/00 34 79, Fax 04 21/ 3 46 29 32; www.adfc.de; Reiseangebote auch unter www.radreisen-online.de

REITEN

Die drei schönsten Dinge im Leben sind laut polnischer Spruchweisheit die tanzende Frau, das Schiff unter vollen Segeln und das galoppierende Pferd. Der polnische Adel schuf sich seine Kavallerie, Pferde hatten ihren Wert im Krieg und bei der Jagd unter Beweis zu stellen. Bis heute sind polnische Gestüte in aller Welt berühmt, auch das ehemalige preußische Trakehnergestüt Liski wurde weiter geführt (32 km nordöstlich von Lidzbark Warmiński, Gästezimmer; Tel. 0 89/ 7 62 32 22). Der Pferdezucht widmet man sich auch in Kadyny, wo man in komfortablen Hotelzimmern wohnt.

Weniger auf Zucht und mehr auf individuelle Reitbedürfnisse abgestimmt sind die Reiterhöfe. Locker und familiär geht es bei den Saseks zu (→ MERIAN-Tipp, S. 58), etwas feiner bei Krzysztof Ferenstein in Gałkowo. Auf dem Gestüt des ehemaligen polnischen Meisters im Springreiten logiert man in einem restaurierten Bauernhaus, auch Kutschfahrten werden organisiert (Gałkowo 45, 12–210 Ukta; Tel. 0 87/4 25 70 73; www. galkowo.ibi.pl). Trakehnerzüchter Marek Szabliński gibt Reitstunden in der Pension Wiking am Szeląg-See (Kątno 1, Stare Jabłonki; Tel. 0 89/ 6 41 14 27; www.mazury.com.pl), Familie Werthmann leitet das Gestüt

Heiligelinde in Wydryny (Tel. 0 65/
21 51 53).

Interessante Angebote für Reit-
urlaub bietet auch der deutsche Rei-
severanstalter »Pferd und Reiter«.
Galopp durch Gischt und in eisigem
Wind, auf robusten preußischen Tra-
kehnern – so könnte man sich den
Bernsteintrail an der Frischen Neh-
rung vorstellen. Gleichfalls im Pro-
gramm: der Masuren-Heiligelinde-
Trail (ab Mikołajki) und Ferien im
Reiterhof Masuren bei Giżycko.
Pferd & Reiter, Rader Weg 30-A,
22889 Tangstedt; Tel. 0 40/6 07 66 90,
Fax 60 76 69 31; www.pferdreiter.de

SCHIFFSAUSFLÜGE

Bevor Masuren erreicht ist, kann man
in Elbląg an einer ersten Schiffsreise
teilnehmen. Die Fahrt auf dem Oberländischen Kanal führt nach Ostróda
und ist 82 km lang (→ Routen und
Touren, S. 84). Spannend ist vor allem
ein 10 km langer Teilabschnitt, bei
dem ein Höhenunterschied von 104 m
ausgeglichen werden muss. Fünfmal
muss das Schiff auf einen fahrbaren
Untersatz gehievt und auf einer »geneigten Ebene« zum nächsten Flussabschnitt gezogen werden …

Auf der masurischen Seenplatte
laden dann die Schiffe der Weißen
Flotte (Żegluga Mazurska) von Mitte
April bis Oktober zu Ausflügen ein.
Sie haben ein großes offenes Deck,
die Mitnahme des Fahrrads ist er-
laubt. Die wichtigsten Strecken sind:
Węgorzewo – Giżycko (2,3 Std.)
Giżycko – Mikołajki (knapp 3 Std.)
Mikołajki – Ruciane Nida (2 Std.)
Die Fahrt startet, sobald sich mindes-
tens zehn Passagiere eingefunden
haben. Fahrpläne und Tickets be-
kommt man an den Anlegestellen.

SEGELN UND SURFEN

Die »masurischen Meere«, wie der
Śniardwy- und der Mamry-See gerne
genannt werden, sind das beliebteste
Segelrevier. Über das weit verzweig-
te Kanal- und Schleusensystem stößt
man dann auch zu kleineren Seen mit
einsamen Buchten vor: Man kann wo-
chenlange Törns planen, ohne fürch-
ten zu müssen, dass Langeweile
aufkommt. Begehrte Standorte sind
großer Marina sind Mikołajki, Giżycko, Sztynort (→ MERIAN-Tipp, S. 67)
und Ruciane Nida. Preisgünstig mie-
tet man Boote auch in den westlich
gelegenen Orten Olsztyn, Ostróda
und Iława. Der Besitz eines DSV-
Segelpatents ist obligatorisch, Informationen erhält man beim Polnischen
Segelverband (Polski Związek Żeg-
larski, ul. Chocimska 14, 00–791
Warszawa; Tel. 0 22/8 48 04 83, Fax
8 48 04 82; www.pya.org.pl).

Das laut Betreiber »modernste
Surfzentrum Europas« befindet sich
in Sopot in der Danziger Bucht. Es
bietet einwöchige Kurse für Anfänger
und Fortgeschrittene sowie Unterkunft in einfachen, aber geräumigen
Zimmern mit Bad (Hestia-Sopot; al.
Hestia 3; www.skz.sopot.pl; Tel. 0 58/
5 55 72 00; 11 Zimmer ●). Boardver-
leih und Kurse bietet auch das be-
nachbarte Sopot Surf Centrum (ul.
Bitwy pod Płowcami 67; Tel. 0 58/
5 55 72 22; www.ssc.com.pl).

WANDERN

Das schönste Wandergebiet ist der
Masurische Landschaftspark, der
von unzähligen Forst- und Feldwegen
durchzogen ist. Rund um Krutyń wurden mehrere Naturlehrpfade angelegt.
Sie starten am dortigen Naturkundemuseum und führen zu kleinen Inseln,
dem Reservat der »Königskiefer« und
in ein Sumpfgebiet. Wer längere Touren unternehmen möchte, kauft sich
eine Karte der Großen Masurischen
Seen, auf der alle markierten Wander-
wege eingetragen sind. Die schönsten Strecken führen von Krutyń nach
Pranie (gelb markiert), von Sztynort
nach Giżycko (rot) und von Mikołajki
nach Ruciane Nida (rot). Für Touren
durch die Forstgebiete der Puszcza
Piska (Johannisburger Heide) sollte
man einen Kompass dabei haben.

EUROPAS SCHÖNSTE ECKEN.

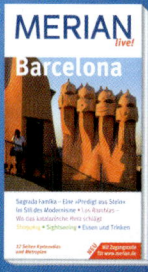

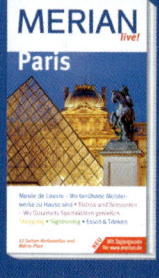

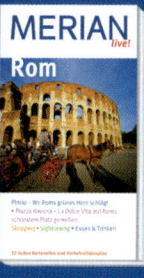
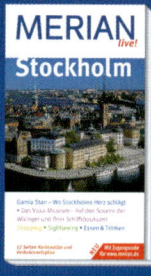

ERIAN | live! | guide | kompass | scout | map

Mit den aktuellen Städtereiseführern von MERIAN live! verbringt man unvergesslich romantische Tage in den erlebnisreichsten Metropolen Europas. Aber seien Sie gewarnt: Das kann süchtig machen! Die MERIAN live! Reiseführer: Kompetente Autoren, nützliche Tipps, aktuelle Adressen, umfangreicher Kartenatlas. Überall, wo es Bücher gibt. Mehr Informationen unter WWW.MERIAN.DE

MERIAN
live!
Die Lust am Reisen

Familientipps – Hits für Kids

Statt anstrengender Kulturtrips gibt es Bootsaus-
flüge, Ausritt auf Ponys und Streichelzoos.

*Bewegung in der Natur und Zeit für kleine Abenteuer: Aus diesen Zutaten besteht
der Masurenurlaub mit Kindern.*

Die anonyme Atmosphäre großer Hotels gefällt Kindern meist wenig. Am wohlsten fühlen sie sich auf Campingplätzen und in Ferienanlagen, weil sie dort herumtoben und leicht mit anderen Kindern Freundschaften schließen können. Auch Urlaub auf dem Bauernhof mag ihnen gefallen, gibt es dort doch ein buntes Gemisch von Hunden und Katzen, Hühnern und Gänsen. Welch ein Kontrast zum Leben der Städter: Im Heu, das in den Scheunen aufgetürmt ist, kann man herumtoben, an unerwarteten Stellen sind Nester zu entdecken; mit etwas Glück lässt sich sogar die Geburt eines Fohlens beobachten. Vielleicht kann man auch ein paar Runden mit dem Pferdefuhrwerk drehen, eine Fahrt zum nächsten Dorf über die lange Allee wird zum besonderen Vergnügen.

Vor allem im ländlichen Polen begegnet man Kindern mit echter Freundlichkeit und Wärme. Dabei weiß man in bestimmten Situationen die Welt der Erwachsenen säuberlich von der Welt der Kinder zu trennen. Wollen sich Ältere ernsthaft über ein Thema unterhalten, wird Kindern zu verstehen gegeben, sie hätten den Mund zu halten und sich eine Zeitlang zurückzuziehen.

KUTSCH- UND SCHLITTENFAHRT

Kutschfahrten bieten viele Reiterhöfe und Hotels, doch etwas Besonderes ist es, mit dem deutschsprachigen Förster Stanisław Bohatyrewicz unterwegs zu sein: Im Sommer fährt er Besucher in einer Kutsche von Mikołajki durch den Masurischen Landschaftspark, aus erster Hand erfährt man von ihm Interessantes zu Flora und Fauna der Region. Und kommt man im Winter, fährt man im Pferdeschlitten!
Forsthaus (Leśniczówka),
11–730 Mikołajki; Tel. 0 87/4 21 63 66

MIT SCHIFF UND BOOT UNTERWEGS

Bei der Fahrt auf dem Oberländischen Kanal beobachten Kinder ein kleines Technikwunder und erleben, wie Boote scheinbar mühelos übers Land gezogen werden (→ Routen und Touren, S. 84). Auf der masurischen Seenplatte unternimmt man Ausflüge mit der Weißen Flotte (Żegluga Mazurska), auf der Krutynia kann man sich in der Kunst des Paddeln oder Stakens üben (→ Routen und Touren, S. 85).

SCHWIMMENDES HOTEL

Die »Classic Lady«, ein 2003 erbautes Kreuzfahrtschiff, liegt in wechselnden Häfen am Śniardwy-See und bietet Kabinenplätze für 36 Personen. Die Unterkunft ist pauschal im Rahmen einer Radwanderwoche bei DNV-Tours buchbar (Heubergstr. 21, 70806 Kornwestheim; Tel. 07 14/13 18 30, Fax 18 29 24; www.dnv-tours.de). Tagsüber erlebt man Masuren per Rad: Alle Teilnehmer bekommen eine Karte, auf der ein Streckenvorschlag eingezeichnet ist. Natürlich braucht man sich an die Vorgabe nicht zu halten. Wichtig ist nur, dass man den angepeilten Zielort nicht verfehlt, denn dort liegt die schwimmende Lady ...

TIERPARKS

In **Kadzidłowo** südlich von Mikołajki dürfen Tiere nicht nur angeschaut, sondern auch gestreichelt werden. Hauptattraktion ist ein zahmer Elch, außerdem gibt es Tarpanpferde, Rehe und Hirsche, Biber und Fischotter. Auch Wölfe streifen durch ein großes Gehege, allerdings darf man mit ihnen nicht in unmittelbaren Kontakt treten. Erreichbar ist der Tierpark über die Straße Mikołajki-Ukta, die Abzweigung ist ausgeschildert.

Nur wenige Kilometer nordöstlich, mit einer Minifähre erreichbar, liegt auf der Halbinsel **Popielno** eine Forschungsstation für Tarpane, kleine, graue und robuste Wildpferde. Auch Polens einzige Biberzucht ist in Popielno beheimatet. In der Hirschfarm in **Kosewo** sieht man Rot- und Damhirsch, Elch, Rehe und Mufflon (Kosewo Górne; Mo geschl.).

Unterwegs in Masuren

Idyllischer Bootsteg am Mamry- oder Mauersee, dem zweitgrößten See Polens.
Eigentlich besteht er aus vielen kleinen, miteinander verbundenen Binnengewässern.

Von der Danziger Bucht zu den Landschaftsparks im Nordosten: In Masuren entdeckt man
einmalige Naturschönheiten abseits ausge-
tretener Pfade.

Danziger Bucht

Das meisterhaft rekonstruierte Danzig präsentiert sich heute als »Königin der Ostsee«.

Den Mittelpunkt der Danziger Rechtstadt bildet der Lange Markt mit dem monumentalen Rathaus und prächtigen Bürgerhäusern.

Gdańsk/Danzig

457 000 Einwohner

Stadtplan → Umschlagkarte hinten

Danzig ist eine geschichtsträchtige, über tausend Jahre alte Stadt, die in den vergangenen Jahrzehnten mit dem Seebad Sopot und der Hafenstadt Gdynia immer mehr zusammengewachsen ist. Mit dem Eintritt in die Europäische Union ist im Bewusstsein der Bürger der deutsche Nachbar näher gerückt, und es wird offen über lange tabuisierte Fragen gesprochen, über Wurzeln deutscher Kultur im heutigen Danzig, hanseatische Tradition und die Vielfalt der Kulturen. Man erinnert sich ans ausgehende Mittelalter, als überraschende Bündnisse geschmiedet wurden. 1454 hatte sich die vorwiegend deutsche Bevölkerung von der Herrschaft der Ordensritter befreit und der polnischen Krone unterstellt. In den folgenden mehr als 300 Jahren war Danzig ein weitgehend unabhängiger Stadtstaat im Königreich Polen, verfügte über eine eigene Rechtsprechung und erhielt das Monopol für den Seehandel. Künstler und Architekten aus westeuropäischen Ländern trugen zur Verschönerung Danzigs bei, machten es zur prachtvollsten Stadt im Ostseeraum. Bedeutende Persönlichkeiten jener Zeit waren der Astronom Jan Hevelius und der Philosoph Arthur Schopenhauer, der Physiker Daniel Gabriel Fahrenheit und der Grafiker Daniel Chodowiecki.

Die heutigen Danziger gelten als weltoffen und selbstbewusst, sind stolz auf den nach 1945 vollbrachten Wiederaufbau. Der im Zweiten Weltkrieg zerstörte mittelalterliche Stadtkern liegt am linken Ufer der Mottlau, die sozialistische Regierung ließ ihn nach alten Stichen und Plänen minutiös rekonstruieren. Der in Danzig aufgewachsene Schriftsteller Günter Grass spricht von einem historischen Glücksfall: »Wenn Danzig nach der Zerstörung zu einem kapitalistischen System gehört hätte, wäre es nie aufgebaut worden.«

Heutige Besucher der Stadt ziehen – wie einst die polnischen Könige – über den Langen Markt zum Hohen Tor und bewundern die reich verzierten Patrizierhäuser aus Danzigs Blütezeit. Sie promenieren am Ufer der Mottlau und fahren mit dem Schiff zur Westerplatte, wo am 1. September 1939 der Zweite Weltkrieg begann. Eine Ausstellung auf der ehemaligen Lenin-Werft erinnert an die Anfänge der unabhängigen Gewerkschaft Solidarność, mit deren Streiks im Jahr 1980 die kommunistische Herrschaft unterhöhlt wurde. Heute freilich sind viele Werftarbeiter nicht mehr gut auf den damals eingeleiteten Systemwandel zu sprechen – ausgerechnet sie wurden die ersten Opfer der Transformation. Die Werft wurde geschlossen, die Arbeiter wurden auf die Straße gesetzt. Nun sollen die Werfthallen nach Londoner Vorbild umgebaut und in eine Stadt der »Yuppies« verwandelt werden.

Spannend ist der Aufenthalt während des Dominikanermarkts, des größten, seit 1260 von Kirchglocken

Festmonat August

eingeläuteten Danziger Fests. Es findet in der ersten Augusthälfte statt und zieht hunderttausende von Besuchern in seinen Bann. Die einen begeistern sich an Antiquitäten, die anderen an Tanz- und Musikveranstaltungen, Straßenparaden und Feuerwerk. Im Internet findet man Details zum Programm unter www.mtgsa.pl/dominikanski. Meist wird zur gleichen Zeit auch das Internationale Shakespeare-Festival veranstaltet, zu dem Gruppen aus mehreren europäischen Staaten, aus den USA und Südostasien eingeladen sind (www.shakespeare-theater.gda.pl). Ab 2009, wenn sich die Eröffnung des ersten polni-

schen, dem Londoner »Globe« nach-
gestalteten Theaters zum 400. Mal
jährt, werden die eingeladenen Ensembles wieder am originalgetreu
aufgebauten Spielort an der Straße
Podwale Przedmiejskie auftreten. Die
Kosten für die neue Spielstätte werden zum größten Teil von Brüssel
übernommen.

HOTELS/ANDERE UNTERKÜNFTE

Hanza ⸱⸱⸱⸱⟩ Umschlagkarte hinten, d 4
Mit seinen Giebeln und Türmchen
fügt sich das Vier-Sterne-Haus an der
Uferpromenade gut in die Altstadtar-
chitektur ein. Drinnen präsentiert es
sich zeitgemäß, schnörkelloses De-
sign sorgt für einen entspannten Aufenthalt.
ul. Tokarska 6; Tel. 0 58/3 05 34 27,
Fax 3 05 33 86; www.hanza-hotel.com.pl;
53 Zimmer, 7 Suiten ●●●● CREDIT 🐎

Holiday Inn
⸱⸱⸱⸱⟩ Umschlagkarte hinten, b 2
Elegantes Vier-Sterne-Hotel gegenüber dem Hauptbahnhof mit großer
Marmorhalle und ruhigen Zimmern.
Die Stockwerke sind nach Rauchern
und Nichtrauchern getrennt, im Keller
befinden sich Sauna und türkisches
Dampfbad. Für Geschäftsleute gewiss
die beste Adresse vor Ort, das Park-
haus befindet sich gleich neben dem
Hotel.
ul. Podwale Grodzkie 9;
Tel. 0 58/3 00 60 00, Fax 3 00 60 03;
www.gdansk.globalhotels.pl;
143 Zimmer, 19 Suiten ●●●● CREDIT 🐎

Podewils
⸱⸱⸱⸱⟩ Umschlagkarte hinten, e 4
Nobelhotel am Yachthafen gegenüber
vom Krantor. Alle Zimmer mit Marmor-
bad und Jacuzzi-Wanne, Sat-TV und
Internetanschluss, einige auch mit
Blick auf den Fluss. Polnische Gerichte à la nouvelle cuisine, leicht und fantasievoll.
ul. Szafarnia 2–3; Tel. 0 58/3 00 95 60,
Fax 3 00 95 70; www.podewils-hotel.pl;
10 Zimmer ●●●● CREDIT 🐎

Kamienica Goldwasser
⸱⸱⸱⸱⟩ Umschlagkarte hinten, d 4
Gemütlich-familiäre Unterkunft in einem Giebelhaus an der Mottlau, nahe
am Großen Kran. Das oberste Apart-
ment verfügt über einen Kamin und
einen hervorragenden Ausblick!
ul. Długie Pobrzeże 22; Tel./Fax
0 58/3 01 12 44; www.goldwasser.jakr.pl;
7 Zimmer ●●● CREDIT 🐎

Mercure Hevelius
⸱⸱⸱⸱⟩ Umschlagkarte hinten, c 2
18-stöckiges Komforthotel unweit der
Altstadt. Je höher man wohnt, desto
schöner der Ausblick auf die Kirchen
und Giebeldächer Danzigs.
ul. Heweliusza 22; Tel. 0 58/3 21 00 00,
Fax 3 21 00 20; www.orbis.pl;
281 Zimmer, 6 Suiten ●●● CREDIT 🐎 🐕

PRIVATUNTERKÜNFTE
⸱⸱⸱⸱⟩ Umschlagkarte hinten, b 2
Preiswerte Privatzimmer und Apartments, auch in der Altstadt, vermittelt
eine Agentur gegenüber vom Bahnhof.
Biuro Zakwaterowanie Grand Turist,
ul. Podwale Grodzkie 8;
Tel. 0 58/3 01 26 34, Fax 3 01 63 01;
www.gt.com.pl ●●

SPAZIERGANG

Kultureller Mittelpunkt Danzigs ist die
Rechtstadt (Główne Miasto), wo einst
reiche Patrizier, deutsche Ordensritter und polnische Könige residierten. Der Rundgang beginnt am
Hohen Tor (Brama Wyżynna), durch
das in der Vergangenheit polnische
Könige triumphierend Einzug hielten.
Das **Goldene Tor** (Złota Brama) ver-
schafft Zutritt zum Königsweg, Pracht-
straße Danzigs mit reich geschmück-
ten Bürgerhäusern. Eines davon, das
Uphagenhaus (Dom Uphagena), wurde auch innen originalgetreu rekonstruiert. Die **Langgasse** (ul. Długa) mündet am **Rechtstädtischem Rathaus** in
den **Langen Markt** (Długi Targ), einen
prachtvollen Platz mit **Artushof** und
Neptunbrunnen. Weder Autos noch
Reklametafeln stören den ästheti-

Besonders schön ist es, Danzig vom Wasser aus zu entdecken: hier mit Blick auf die Speicherinsel gegenüber der Rechtstadt.

schen Genuss: ein idealer Ort für Flaneure und Liebhaber schöner Architektur. Am palaisähnlichen **Grünen Tor** (Zielona Brama) endet der Königsweg. Hier hält man sich links und spaziert am Ufer der Mottlau entlang. Von der Promenade fahren die Ausflugsschiffe zur Westerplatte, nach Sopot und zur Halbinsel Hel ab. Vorbei am **Frauentor** (Brama Mariacka) kommt man zum Wahrzeichen der Stadt, dem im 14. Jh. erbauten **Krantor** (Żuraw) an der ul. Szeroka. Früher wurden hier Schiffe beladen, heute hat in diesem Backsteinbau das **Meeresmuseum** seinen Sitz. Von der Szeroka biegt man links in die Przędzalnicza ein, die sich in die Mokra verlängert, anschließend rechts in die **Frauengasse** (ul. Mariacka), die im Westen von der **Marienkirche** abgeschlossen wird.
Dauer: 1 Stunde

SEHENSWERTES
Altstadt/Stare Miasto
⋯⋯⫸ Umschlagkarte hinten, c 3
Die »Altstadt« schließt sich nordwärts an die prachtvolle Rechtstadt an. Ihre Ursprünge reichen ins 12. Jh. zurück, sie stand aber später im Schatten der neueren Rechtstadt. Deshalb wurden auch vergleichsweise weniger Bauwerke restauriert. Das Altstädtische Rathaus (Ratusz Staromiejski) wird heute als Baltisches Kulturzentrum genutzt und zeigt Ausstellungen zur Regionalgeschichte. Die Große Mühle (Wielki Młyn) birgt eine Einkaufspassage, in der Kleinen Mühle (Mały Młyn) befindet sich eine Weinstube. Die Brigittenkirche (Kościół Św. Brygidy) war ab 1980 Pfarrkirche der Solidarność und Zentrum des antikommunistischen Widerstands.

Artushof/Dwór Artusa
⋯⋯⫸ Umschlagkarte hinten, c 5
In dem um 1480 erbauten Prachtbau in der Nordwestecke des Langen Markts trafen sich reiche Danziger Kaufleute und hielten ihre Gildeversammlungen ab. In der dreischiffigen Halle tragen vier Säulen elegante Sterngewölbe, von denen Modellschiffe herunterhängen. Glanzstücke des Saals sind ein 12 m hoher, bemalter Kachelofen sowie ein Hochrelief mit einer Darstellung des »Hl. Georg mit dem Drachen«.
Długi Targ 44; Di–Sa 10–16, So 11–16 Uhr

Denkmal der gefallenen Werftarbeiter/Pomnik Poległych Stoczniowców ┈┈> Umschlagkarte hinten, c 3

Unweit vom Tor der Danziger Werft erinnern drei monumentale Kreuze an die 1970 bei einer Demonstration erschossenen Arbeiter.

pl. Solidarności Robotniczej

Frauengasse/ulica Mariacka ┈┈> Umschlagkarte hinten, c 4/d 5

Stimmungsvolle Gasse, in der einst die wohlhabenden Kaufleute residierten, heute ist sie Flaniermeile mit Juwelierläden, Kunstgalerien und Cafés. Vor den schmalen Giebelhäusern die typischen »Beischläge«: Dem Wohnhaus ist auf der unteren, über Freitreppen erreichbaren Ebene eine Terrasse mit verzierter Brüstung vorgelagert.

Goldenes Haus/Złota Kamienica ┈┈> Umschlagkarte hinten, c 5

Das 1618 erbaute Haus rechts neben dem Artushof besticht durch seine prunkvolle Fassade: Vergoldete Reliefs zeigen Szenen aus der antiken Mythologie.

Długi Targ 41

Hohes Tor/Brama Wyżynna ┈┈> Umschlagkarte hinten, b 4

Haupteingangstor zur Rechtstadt mit Kerkerturm und restaurierter Folterkammer (Wieża Więzienna i Katownia). Das **Goldene Tor** (Złota Brama) schließt sich an, ein mächtiger Triumphbogen mit Allegorien von Tugend und Tüchtigkeit.

Wały Jagiellońskie/Targ Węglowy

Langer Markt/Długi Targ ┈┈> Umschlagkarte hinten, b 5–d 5

Repräsentatives Herzstück der Stadt mit Neptunbrunnen, Artushof und weiteren prächtigen Patrizierhäusern. Der Meeresgott Neptun ist Symbol der alten Seemacht Danzig, am Brunnen (1633) trifft sich heute vor allem die Jugend der Stadt.

Marienkirche/Kościół Mariacki ┈┈> Umschlagkarte hinten, c 4

Sieben gotische Tore führen in eine der größten Backsteinkirchen der Welt (1343–1502), die Raum für mehr als 20 000 Besucher bietet. Wie keine andere Danziger Kirche vermittelt sie den Eindruck von Weite und besticht durch ihre reichen Netz- und Kristallgewölbe. 30 riesige, streng gegliederte Fenster lassen viel Licht in den weiß getünchten Innenraum. Mittelalterliche Meisterwerke sind die Schöne Madonna in der Annakapelle und das Kruzifix in der Kapelle der Elftausend Jungfrauen.

Podkramarska 5; Mo–Sa 8–17, So 13–17 Uhr

Die imposante Marienkirche, eine der größten Backsteinkirchen der Welt, überzeugt durch architektonische Details.

Oliwa/Oliva

····⟩ Umschlagkarte hinten, nördl. b 1

Im Villenvorort Oliwa wohnen viele führende Politiker der Nachwendezeit. Die frühgotische Kathedrale im Stadtpark (Park Oliwski) birgt eine echte Rokoko-Orgel, die aus 7876 Pfeifen besteht und für ihren hervorragenden Klang berühmt ist. Im Juli und August finden hier zahlreiche Konzerte im Rahmen des Internationalen Festivals der Orgelmusik statt. In den angrenzenden Klostergebäuden befinden sich Sammlungen des Diözesanmuseums, die aber bis auf weiteres der Öffentlichkeit verschlossen bleiben. Auch der Raum, in dem 1660 der polnisch-schwedische Friedensvertrag unterzeichnet wurde, war beim letzten Besuch nicht zugänglich. Sehenswert ist der Bischofspalast (Pałac Opacki) mit einer Ausstellung moderner Kunst (Di–So 10–16 Uhr), im benachbarten Abteispeicher (Spichlerz Opacki) bekommt man anhand der dortigen ethnographischen Sammlung einen guten Einblick in die Kultur der Kaschuben (Di–So 10–16 Uhr).

Rechtstädtisches Rathaus/ Ratusz Głównego Miasta

····⟩ Umschlagkarte hinten, c 5

Vom 82 m hohen Turm des Rathauses (14. Jh.) genießt man einen weiten Blick über die Stadt, schaut hinab in die Langgasse (ul. Długa), im Mittelalter die vermeintlich längste Straße Europas. Einige Räume des im 16. Jh. neu gebauten Rathauses sind als Museum geöffnet (→ Museum der Danziger Stadtgeschichte, S. 42).

Uphagenhaus/Dom Uphagena

····⟩ Umschlagkarte hinten, b 5

Das spätbarocke Patrizierhaus eines flämischen Kaufmanns wurde 1998 wiedereröffnet. Die frühere Inneneinrichtung wurde minutiös rekonstruiert, einige Gegenstände sind original erhalten.

ul. Długa 12; Di–Sa 10–16, So 11–16 Uhr

Westerplatte

····⟩ Umschlagkarte hinten, nördl. b 1

Mit der Bombardierung der Westerplatte am 1. September 1939 begann der Zweite Weltkrieg, Danzig wurde noch am selben Tag ins Deutsche Reich eingemeindet. In seinem Roman »Die Blechtrommel« schildert der in Danzig geborene Günter Grass aus der Perspektive eines Kindes den Angriff der Deutschen. Im Sommer steuern Schiffe der Danziger Reederei (Żegluga Gdańska) mehrmals täglich die Westerplatte an, vielen Gästen erscheint der Weg interessanter als das Ziel.

Abfahrt: Długie Pobrzeże s/n; 8 €

Wrzeszcz ····⟩ Umschlagkarte hinten, nordwestl. a 4

In diesem quirligen Stadtteil nordwestlich der Altstadt gibt es die besten Einkaufsmöglichkeiten der Stadt. In diesem Viertel lebt auch die Mehrzahl der Danziger Studenten. Ein Rundgang auf den Spuren des Nobelpreisträgers Günter Grass führt aus dem Trubel heraus und macht mit der kleinbürgerlichen Idylle der 1930er-Jahre vertraut. Sein Geburtshaus befindet sich in der kopfsteingepflasterten ul. Lelewela 13. An einem kleinen Platz nur wenige Schritte entfernt (pl. Wybickiego) entdeckt man ein Denkmal für »Oskar den Trommler«, die Hauptfigur des wohl bekanntesten in Danzig spielenden Grass-Romans, der »Blechtrommel«.

MUSEEN UND GALERIEN
Bernsteinmuseum/ Muzeum Bursztynu

····⟩ Umschlagkarte hinten, c 2

Umfangreiche und sehenswerte Bernsteinsammlung im Stockturm nahe dem Hohen Tor am Beginn des Königswegs. Glanzstück ist ein 2,5 kg schwerer Stein, in den eine ausdrucksstarke Frau in Schutz suchender Stellung eingemeißelt ist.

Katownia, Wały Jagiellońskie; Eröffnung voraussichtlich Herbst 2005

Meeresmuseum / Centrale Muzeum Morskie

····⇥ Umschlagkarte hinten, e 4

Dokumente aus der Geschichte der Seefahrt, Schiffsmodelle und Kanonen sowie bizarre Gegenstände, die von Tauchern aus der Ostsee gefischt wurden, findet man im Krantor. Ein Teil der Exponate ist in drei Speichern auf der gegenüber liegenden Bleihofinsel (Wyspa Ołowianka) ausgestellt, zu der die Museumsfähre etwa alle 15 Minuten übersetzt. Der Eintrittspreis schließt die Überfahrt ein.

ul. Szeroka 67/68 und Wyspa Ołowianka; Di–So 10–17 Uhr; Gesamtticket 2,5 €

Museum der Danziger Stadtgeschichte / Muzeum Historii Miasta Gdańska

····⇥ Umschlagkarte hinten, c 5

Die prachtvollen Räume des Rechtstädtischen Rathauses beschwören die Glanzzeit der Stadt herauf. Faszinierend ist der Rote Saal (Sala Czerwona) mit kostbaren Friesen und einem Kamin, die Deckenmalereien bilden das Leben der wohlhabenden Kaufleute ab. Eine Fotoausstellung dokumentiert die Zerstörung und den Aufbau Danzigs.

ul. Długa 47; Di–Sa 10–16, So 11–16 Uhr

Nationalmuseum / Muzeum Narodowe ····⇥ Umschlagkarte hinten, b 6

Im ehemaligen Franziskanerkloster ist eine der interessantesten Kunstsammlungen Polens untergebracht: Gemälde und Skulpturen, darunter Werke von Hans Memling (»Das Jüngste Gericht«), Breughel dem Jüngeren und Antonis van Dyck; außerdem Holzschnitzkunst, Goldschmiedearbeiten und Tapisserien.

ul. Toruńska 1; Di–Fr 9–16, Sa–So 10–16 Uhr; Eintritt 2 €

Wege zur Freiheit / Drogi do Wolności ····⇥ Umschlagkarte hinten, c 5

Ausstellung zur Geschichte der Gewerkschaft Solidarność. Die 21 Forderungen der Streikenden wurden jüngst von der UNESCO in die Liste des Weltdokumentenerbes aufgenommen.

ul. Doki 1; Di–So 10–16 Uhr

ESSEN UND TRINKEN

Podewils

····⇥ Umschlagkarte hinten, e 4

Hotelrestaurant mit kreativer Küche, leicht und fantasievoll, für Freunde ausgefallener Fleisch- und Fischgerichte gleichermaßen zu empfehlen. Lecker schmecken z. B. Heilbuttfilet auf Kirschsoße, Rinderfilet mit Pilzen und das hausgemachte Tiramisù. Schöne Terrasse.

ul. Szafarnia 2–3; Tel. 0 58/3 00 95 60

●●●● CREDIT

Pod Łososiem

····⇥ Umschlagkarte hinten, d 4

Im behaglichen Renaissance-Interieur mit Messingkandelabern und üppigen Wandmalereien wird vornehmlich Fisch angeboten. Sehr gut schmecken der Zander-Lachs-Zopf auf Spinat oder die mit Gemüse und Garnelen gefüllte Forelle, zum genussvollen Abschluss sei ein Danziger Kaffee mit Goldwasser und Sahne empfohlen. Gäste in Ferienkleidung sind im Danziger Nobelrestaurant unerwünscht.

ul. Szeroka 54; Tel. 0 58/3 01 76 52

●●●● CREDIT

Czerwone Drzwi

····⇥ Umschlagkarte hinten, c 4

Im Salon eines barocken Bürgerpalais mit hohen Decken speist man fein, dabei in einer fast häuslichen Athmosphäre. Herr Zygmunt betreibt das Restaurant »aus Leidenschaft«, ihm gefällt es, die Gäste persönlich zu begrüßen. Zu den Klassikern zählen Steinpilzsuppe und Piroggen mit Spinat, dazu ertönt leiser Jazz, abends machmal auch Klaviermusik live.

ul. Piwna 52; Tel. 0 58/3 01 57 64 ●●●

MASTER VISA

Kamienica Goldwasser

····⇥ Umschlagkarte hinten, d 4

→ MERIAN-Tipp, S. 18

Nette Straßencafés und kleine Läden säumen die ehemalige Frauengasse (ul. Mariacka).

Ratskeller Piwnica Rajców

····⟩ Umschlagkarte hinten, c 5

Im weitläufigen Kellergewölbe unter dem Artushof wird seit dem Mittelalter gegessen und gezecht. Die weitläufigen, dunkel getäfelten Säle bilden den Rahmen für Fisch- und Fleischgerichte, sehr gut schmeckt der frische Matjes.

Długi Targ 44; Tel. 0 58/3 00 02 80
●●● CREDIT

Tawerna

····⟩ Umschlagkarte hinten, d 5

Traditionsreiches Restaurant in der Altstadt mit vielen alten Schiffsmodellen. Zum maritimen Ambiente passt frischer Fisch, von der Ostsee kommen Zander, Aal, Dorsch und Lachs. Lecker schmecken auch die Roggenmehlsuppe in ausgehöhltem Brotlaib (»żurek w chlebie«), die Ente auf Altdanziger Art und der Wildschweinbraten.

ul. Powróznicza 19/20;
Tel. 0 58/3 01 41 14 ●●● CREDIT

Café Mariacka

····⟩ Umschlagkarte hinten, d 4

Von der Terrasse blickt man in die Frauengasse, Danzigs vielleicht schönste und sicher kleinste Straße.

ul. Mariacka 21/22 ●

Café Pellowski

····⟩ Umschlagkarte hinten, d 3

An Danzigs älteste Bäckerei ist ein Café angeschlossen. Hier kann man den ganzen Tag über leckere Teilchen erstehen, aber auch Kurt-Scheller-Eis, Fruchtsalate und Cremespeisen probieren.

ul. Podwale Staromiejskie 82 ●

EINKAUFEN

Geschäfte mit Bernstein- und Silberschmuck findet man vor allem in den Straßen Długa und Mariacka sowie an der Flusspromenade.

Gdański Bówka

····⟩ Umschlagkarte hinten, d 5

Der Danziger Bowke zwischen Krantor und Grünem Tor bietet eine Fülle von Schiffsmodellen, Senatsleuchtern, alten Radierungen und Straßenplänen, Muscheln und ausgestopften Meerestieren.

Długie Podbrzeże 11

Hala Targowa

····⟩ Umschlagkarte hinten, c 3

Frisch restaurierte Markthalle aus Backstein, in der Obst und Gemüse, Fisch und Fleisch, Haushaltswaren und Kleidung verkauft werden.

pl. Dominikański 1

Am Abend
Filharmonia Bałtycka
⤑ Umschlagkarte hinten, b 4
Konzerte der Baltischen Philharmonie finden auf der Bleihofinsel statt (ul. Ołowianka 1; www.filharmonia. gda.pl), das Stadttheater befindet sich am Eingang zur Rechtstadt (Targ Węglowy 1). Um Oper und Ballett zu erleben, fährt man nach Wrzeszcz (al. Zwycięstwa 15; www.operabaltycka.pl).

Service
Auskunft
Touristeninformation PTTK
⤑ Umschlagkarte hinten, c 5
Büro in einem Patrizierhaus am Schnittpunkt von Langgasse und Langem Markt. Vermittlung von Stadtführern, Veranstaltungs- und Ausflugstipps, englischsprachiges Personal.
ul. Długa 45, 80–827 Gdańsk;
Tel. 0 58/3 01 91 51; www.gdansk.gda.pl;
Mo–Fr 9–17 Uhr, in den Sommerferien länger

Ausflugsschiffe und Fähren
⤑ Umschlagkarte hinten, d 5
Schiffe der Danziger Reederei (Żegluga Gdańska) starten im Sommer von der Anlegestelle am Mottlau-Kai nahe dem Grünen Tor zu Ausflugsfahrten nach Sopot und Gdynia, zur Westerplatte und zur Halbinsel Hel. Tickets bekommt man an der Anlegestelle.
Długie Pobrzeże s/n; www.zegluga.pl

Ziele in der Umgebung
Gdynia/Gdingen
⤑ S. 108, B 2
Gdynia, bis 1920 ein kaschubisches Fischerdorf mit weniger als tausend Einwohnern, stieg binnen weniger Jahre zum wichtigsten Hafen der neu gegründeten polnischen Republik auf. Bis 1939 kletterte die Einwohnerzahl auf 115 000, heute leben hier 250 000 Menschen. Nach Beseitigung der Kriegsschäden avancierte Gdynia zu einer den dynamischsten Städte des Landes mit modernen Werften und Hafenanlagen, breiten Straßen und Promenaden. Auf dem Skwer Kościuszki geht es zur Südmole hinab, wo sich alle Sehenswürdigkeiten der Stadt befinden: das ehemalige Segelschulschiff »Dar Pomorza« (Bulwar Nadmorski; Di–So 10–16 Uhr), das Ozeanographische Museum mit dem größten Meeresaquarium Polens (Muzeum Oceanograficzne, al. Zjednoczenia 1; Di–So 10–16 Uhr; Eintritt 2 €) und das Denkmal am Ende der Mole, das an Joseph Conrad alias Józef Konrad Korzeniowski, den bekannten englischen Schriftsteller polnischer Herkunft, erinnert.

Kaszuby/Kaschubei
⤑ S. 108, A 3
Eine Landschaft reich an Moränenhügeln und kleinen Seen, aber arm an Rohstoffen und guten Böden: Das ist die Kaschubei, aufgrund ihres malerischen Charakters auch **Kaschubische Schweiz** (Szwajcaria Kaszubska) genannt. Sie erstreckt sich von der Küste (Schlosshotel → MERIAN-Spezial, S. 14) über den Baltischen Höhenrücken bis zu den Kiefernwäldern der Tucheler Heide und ist ein Paradies für Radfahrer und Wanderer. Das Herzstück südlich von Wejherowo ist extrem dünn besiedelt, auf den schmalen Straßen gibt es nur wenig Verkehr. Die Gesamtzahl der noch lebenden Kaschuben wird auf weniger als 200 000 geschätzt. Sie sind Angehörige eines traditionsbewussten westslawischen Stammes mit eigener Sprache, die seit einigen Jahren wieder als Schulfach zugelassen ist: ein westslawisches Idiom, das in Wortschatz und Grammatik vom Polnischen abweicht und aufgrund langer deutscher Herrschaft mit germanischen Worten durchsetzt ist.
Am leichtesten von Danzig erreichbar ist **Kartuzy** (Karthaus), die

inoffizielle »Hauptstadt« der Region. Sie verdankt ihren Namen den Kartäusermönchen, die 1380 aus Prag hierher berufen wurden und eine Kirche erbauten. Fast 450 Jahre lebten sie in weitgehender Isolation und unterwarfen sich strenger Askese. 1826 wurde der Orden von Preußen aufgelöst, danach begann sich im Umkreis des Klosters eine weltliche Stadt zu entwickeln. Heute kann vom Klosterkomplex nur noch eine der ehemals 18 Mönchsklausen besichtigt werden. Interessanter ist deshalb der Besuch des Ethnographischen Museums, das in die traditionelle Kultur der Kaschuben einführt. Gerühmt werden sie als Meister naiver Schnitzkunst, gezeigt werden aber auch ihre Keramikprodukte mit den typischen kornblumenblauen Mustern, man kann regionale Tabaksorten probieren und die beliebte »Teufelsgeige« kennen lernen (Muzeum Kaszubskie, ul. Kościerska 1; Di–Fr 9–16, Sa 9–15, So 10–14 Uhr).

Von Kartuzy führt ein 22 km langer Radweg an sechs Seen vorbei nach **Kościerzyna**, Wanderer wählen den rot markierten Weg via Gołubie und Olpuch nach **Wdzydze**. Dort sind alte kaschubische Holzhäuser und eine Windmühle in einem Freilichtmuseum zu bewundern (Kaszubski Park Etnograficzny; Di–So 9–16 Uhr).

Malbork/Marienburg

·····⟩ S. 109, D 4

Die Marienburg ist das ehemalige Machtzentrum des Deutschen Ordens, eine prächtige Festungsanlage am Ufer der Nogat. Im Jahr 1226 war der Orden von Herzog Konrad von Masowien ins Land gerufen worden, um die heidnischen Pruzzen zu christianisieren. Doch die Ritter wollten keine Vasallen eines polnischen Herrschers sein: Sie schufen sich einen eigenen militärisch-theokratischen Staat, der in seinem Expansionsdrang die Königreiche Polen und Litauen bedrohte.

Der Hochmeister des Deutschen Ordens verlegte seinen Sitz daraufhin von Venedig in die Marienburg und machte sie zum Verwaltungszentrum des Ordensstaates (1309–1457). Bis zum heutigen Tag thront die Festung machtvoll am Flussufer, ist gesichert durch Hängebrücken, Gräben und Wälle. Der Komplex besteht aus einer Vorburg mit Kapelle und Zeughaus, einer Mittelburg mit angrenzendem Hochmeisterpalast sowie dem Prunkstück der Anlage, der Hochburg mit großartigem, durch Kreuzrippengewölbe verziertem Speisesaal.

Der vorbildlich restaurierte Gebäudekomplex wurde von der UNESCO ins Weltkulturerbe aufgenommen und dient heute als Museum, das im Rahmen einer Führung, aber auch individuell besichtigt werden kann (ul. Starościńska 1; www.zamek.malbork.pl; Di–So 9–17 Uhr). Die labyrinthisch anmutenden Flure und Säle bergen nicht nur wertvolle Innenarchitektur, sondern auch mittelalterliche Waffen, eine der größten Bernsteinkollektionen der Welt sowie kostbare Gemälde. Im monumentalen Opus »Schlacht bei Grunwald 1410« wird die Niederlage

Moderne Werften und Schiffe prägen heute das Bild von Gdingen, dem wichtigsten Hafen des Landes.

der deutschen Ordensritter darge-
stellt – der berühmte Historienmaler
Jan Matejko hat es geschaffen. Nicht
entgehen lassen sollte man sich auch
das Licht-und-Klang-Spektakel, das
an warmen Sommerabenden im Innenhof zur Aufführung kommt. Im Juli
und August finden zusätzlich Burgfestspiele statt: Ritterturniere in historischen Kostümen.

54 km südöstlich von Gdańsk

HOTELS/ANDERE UNTERKÜNFTE

Zamek
Stilvolles Hotel mit komfortablen Zimmern in einem Wirtschaftsgebäude
am Fuß der Deutschordensburg. Das
Restaurant im Rittersaal ist auf altpolnische Küche spezialisiert, sehr
gut schmecken die Suppen.

ul. Starościńska 14, 82–200 Malbork;
Tel. 0 55/2 72 84 00, Fax 2 72 33 67;
42 Zimmer ●● MASTER VISA 🐾

Mierzeja Helska/
Halbinsel Hel
···⟩ S. 109, D 3/F 2

Władysławowo ist das Eingangstor
zur sensenförmigen, 34 km in die Danziger Bucht hineinragenden Landzunge. Fast die gesamte Halbinsel steht
heute unter Naturschutz. Zur Meer-
seite hin präsentiert sie sich als Bade-
paradies mit feinsandigem Dünen-
strand, an den sich ein breiter Gürtel
von Kiefernwald anschließt. An der
Südseite bildeten sich im Schutz der
Putziger Bucht einige Orte heraus, die
sich immer mehr dem Tourismus öff-
nen. Ein gutes Hotel gibt es in Jurata,
einfache Unterkünfte auch in Chałupy
und Jastarnia. Schönster Ausflugsort
ist das an der Südspitze gelegene **Hel**
(Hela), erreichbar mit dem Auto über
Jurata oder auch mit der Fähre ab
Gdańsk, Sopot und Gdynia. Am Hafen
riecht es nach Aalräuchereien, urige
Restaurants bieten Fischspezialitäten
an. Eine gotische Kirche wurde zum
Fischereimuseum umgestaltet (Muze-

um Rybołowstwa, Bulwar Nad Morski
2; Di–So 10–16 Uhr), lohnend ist der
Panoramablick vom Turm.

Władysławowo: 54 km nördlich
von Gdańsk

HOTELS/ANDERE UNTERKÜNFTE

Bryza
Komforthotel inmitten der Dünen mit
Tennisplätzen und Pools. Treffpunkt
der polnischen Schickeria, Wellness-
Angebote von Algen- und Thalasso-
therapie bis Kardio-Fitness.

ul. Świętopełka 1, 84–150 Jurata;
Tel. 0 58/6 75 51 00, Fax 6 75 52 00;
www.bryza.pl; 64 Zimmer und Apartments ●●●/●●●● CREDIT

ESSEN UND TRINKEN

Maszoperia
Fisch in allen Varianten, z. B. frisch
geräucherter Aal und in Bierteig gebratener Dorsch.

ul. Wiejska 110, Hel; Tel. 0 58/6 75 02 97
●● MASTER VISA

Mierzeja Wiślana/
Frische Nehrung
···⟩ S. 109, D/E 3

Eine 70 km ins Meer greifende Landzunge scheidet das Haff von der Ostsee. Von Sturm gebogene Kiefern
säumen den kilometerlangen Strand,
wild-zerklüftet erheben sich Kreide-
felsen. Mit etwas Glück kann man ans
Ufer gespülte Bernsteinstücke finden.
Von touristischem Interesse ist **Krynica Morska** (Kahlberg), ein beliebter
Luftkurort mit Campingplätzen und
Erholungsheimen. Im Sommer starten vom Hafen Schiffsausflüge nach
Frombork, Tolkmicko und Elbląg.

40 km östlich von Gdańsk

Sopot/Zoppot
···⟩ S. 108, B 2/3

Das Seebad Sopot ist mit Gdańsk und
Gdynia zur »Dreistadt« verschmol-

zen, die sich über die gesamte West-
seite der Danziger Bucht ausbreitet.
Sopot war einmal die »Perle der Ostsee« (perła Bałtyku): Seine Blütezeit
fiel in die 1920er-Jahre, als das Grand
Hotel seinen Betrieb eröffnete und
sich die High Society im Casino traf.
Heute versucht die Stadt an verflossenen Ruhm anzuknüpfen und präsentiert sich erneut in elegantem
Gewand. Die ul. Bohaterów Monte
Cassino, die vom Bahnhof zum Strand
hinabführt, ist von Cafés, Bars und
Lokalen gesäumt, gegen Zahlung einer kleinen Gebühr flaniert man auf
der 512 m langen, um die Mitte des
19. Jh. gebauten Mole. Die Wasser-
qualität am Strand hat sich in den
vergangenen Jahren erheblich verbessert. Das kulturelle Angebot kon-
zentriert sich auf Musicals, Shows
und Rockkonzerte, die in der Waldoper, einem 1909 erbauten Freilicht-
theater, aufgeführt werden. Im August
findet hier ein Internationales Schla-
ger- und Chansonfestival statt (Ope-
ra Leśna, ul. Moniuszki 12).

HOTELS/ANDERE UNTERKÜNFTE
Rezydent
Komforthotel der Kette Polish Pres-
tige in einer restaurierten, 100-jähri-
gen Nobelvilla zwischen Bahnhof und
Flaniermeile. Alle Zimmer mit Sat-TV
und gratis Internet, Begrüßung mit
frischen Blumen und Früchten. Mit Jacuzzi, Sauna, Aromatherapie, Massa-
gen und gutem Restaurant.
pl. Konstytucji 3 Maja 3;
Tel. 0 58/5 55 58 00, Fax 5 55 58 01;
www.HotelRezydent.com.pl; 65 Zimmer
●●●● CREDIT

Grand Hotel
Traditionsreiches, 1926 im Art-Deco-
Stil erbautes Strandhotel. Mit Gar-
tencafé, Spielcasino und Night Club,
neuerdings auch mit einem Zentrum
für biologische Regeneration.
ul. Powstańców Warszawy 12–14;
Tel. 0 58/5 51 00 41, Fax 5 51 61 24;
www.orbis.pl; 112 Zimmer ●●● CREDIT

ESSEN UND TRINKEN
Zhong Hua
Seit vielen Jahren etabliertes Lokal in
einem schmucken Strandhotel. Gebo-
ten wird klassische chinesische und
japanische Küche, im Sommer sitzt
man auf einer Terrasse mit Meerblick.
Gute Weinauswahl!
ul. Wojska Polskiego 1;
Tel. 0 58/5 50 20 19 ●●● CREDIT

Galeria Kiński
Die Holzvilla, in der Filmschauspieler
Klaus Kinski das Licht der Welt erblick-
te, ist heute ein Kultort: Sein Konterfei schmückt Wände und Polster.
ul. Kościuszki 10 ●

SERVICE
Touristeninformation
Hier bekommt man Broschüren zur
Stadt und ihrer Umgebung sowie Hin-
weise zu Schiffsausflügen und Kul-
turveranstaltungen.
ul. Dworcowa 4, 81–704 Sopot;
Tel. 0 58/5 50 37 83; www.sopot.pl;
Mo–Fr 9–14, im Sommer Mo–Fr 8–19,
Sa–So 10–18 Uhr

Sztutowo/Stutthof
⤳ S. 109, D 3

Die Schönheit der Landschaft kontras-
tiert hier mit den Zeugnissen nationalsozialistischer Vernichtungspoli-
tik. Stutthof war das erste Lager, das
die Nationalsozialisten außerhalb des
Deutschen Reiches errichteten. Bis
Kriegsende wurden hier etwa 85 000
Menschen ermordet; Leichen wurden
verbrannt oder zwecks Seifenherstel-
lung in das Danziger Hygieneinsti-
tut überführt. Das Museum (Muzeum
Stutthof, ul. Muzealna 6; Mai–Sept.
tgl. 8–18, Okt.–April 8–15 Uhr) führt
den Besucher durch zwölf Säle, historische Informationen können (tgl.
außer Mo) durch Dokumentarfilme ergänzt werden. Vorführungen finden
in der Regel jede halbe Stunde statt.
35 km östlich von Gdańsk

Ermland und Oberländische Seen

Zwischen Torfmoor und Frischem Haff: Backstein-burgen und Dörfer mit Störchen.

Südlich von Olsztyn beginnen große Kiefern- und Fichtenwälder, die von unzähligen Seen, Sümpfen und Niedermooren durchsetzt sind.

Im Ermland, das sich vom Frischen Haff in Form eines Dreiecks südostwärts erstreckt, liegen die bedeutendsten Ordensburgen Masurens, darunter die von Lidzbark Warmiński. Hauptstadt der Region ist Olsztyn mit einem gut erhaltenen historischen Kern, doch auch Elbląg, die zweitgrößte Stadt, ist aufgrund ihrer postmodernen Giebelhäuser einen Besuch wert. Seinen Namen verdankt das Ermland (poln. Warmia) dem pruzzischen Stamm der Warmier, der im 13. Jh. von deutschen Ordensrittern unterworfen wurde. Nach der Eroberung machten diese aus der Region ein eigenständiges Bistum, in dem der von ihnen eingesetzte Bischof zugleich Landesherr war. An dieser Sonderstellung änderte sich auch nichts, als Ermland im 15. Jh. zu Polen kam (1454–1772). »Ketzer« hatten im Ermland keine Chance – die Bewohner blieben streng katholisch.

Olsztyn/Allenstein

172 000 Einwohner   ·····> S. 116, B 18
Stadtplan → S. 51

Die Hauptstadt Masurens und des Ermlands wirkt auf den ersten Blick nicht sonderlich attraktiv. Man muss einen dichten Gürtel von Plattenbauten durchqueren, bevor der historische Kern erreicht ist. Hier endlich verebbt der Straßenlärm, und man genießt das romantische Flair einer sorgsam restaurierten Altstadt. Auf dem Marktplatz mit seinen Laubenhäusern, Arkadengängen und pastellfarbenen Barockgiebeln sammelt sich ein buntes Völkchen von Künstlern und Studenten, das den vorbeiströmenden Touristen als willkommenes Fotomotiv dient. Hohes Tor, Ordensburg und Jakobskathedrale laden zu einem Rundgang ein. Wie in allen Provinzhauptstädten ist auch in Olsztyn das kulturelle Angebot reich. Neben der Philharmonie gibt es mehrere Museen und eine Vielzahl von Galerien.

Die Umgebung Olsztyns erkundet man am besten zu Fuß. Markierte Spazierwege führen in den Stadtwald und zum Ukiel-See. Die Wassersportzentren befinden sich vorwiegend an der Ostseite des Sees, wo auch die Ausflugsschiffe starten.

HOTELS/ANDERE UNTERKÜNFTE

Galery 69   ·····> S. 51, südl. c 3
Am Seeufer in Dorotowo, 10 km südlich von Olsztyn, wurde ein kleines Designhotel eröffnet: Alle Räume sind mit hellem Holz gestaltet, minimalistisch und formschön. Angeschlossen ist ein gutes Restaurant, vom eigenen Badesteg springt man ins Wasser oder leiht sich ein Boot. Zur hauseigenen Flotte gehören zwei Yachten, ein Sportboot, ein Katamaran, zwei Kajaks und Surfboards. Da die Besitzer in Wien studiert haben, ist auch die Verständigung kein Problem. Von der Straße Olsztyn–Warszawa in Richtung Dorotowo abbiegen, der Parkplatz ist bewacht.
Dorotowo 38, Stawiguda;
Tel. 0 89/5 13 64 80, Fax 5 13 64 81;
www.studio69.pl; 10 Zimmer ●●● CREDIT

Novotel   ·····> S. 51, westl. a 3
Größeres Hotel in attraktiver Lage am Ukiel-See, 4 km westlich der Stadt. Eigener Fahrrad- und Bootsverleih, außerdem bewachter Parkplatz.
ul. Sielska 4-A; Tel. 0 89/5 22 05 00,
Fax 5 27 54 03; www.novotel.com;
98 Zimmer ●●● CREDIT 🐕

Park   ·····> S. 51, südl. c 3
Gut ausgestattetes Hotel im Wohnviertel Kortowo, 2 km vom Zentrum an der Straße nach Warschau gelegen. Mit Tennisplatz, Fahrrad- und Bootsverleih. Ein Reitzentrum befindet sich in der Nähe, im Winter werden die Fahrten im Pferdeschlitten angeboten. Am Naterskie-See 8 km südwestlich kann Golf gespielt werden.
ul. Warszawska 119; Tel. 0 89/5 23 66 04,
Fax 5 27 76 84; www.beph.pl; 100 Zimmer
●●● CREDIT ♿

Villa Pallas ····⟩ S. 51, östl. c 2
Renovierte Art-Nouveau-Villa östlich
der Altstadt, die schöneren Zimmer
befinden sich im älteren Trakt. Mit
Sauna, Fitness und Konferenzsaal.
ul. Żołnierska 4; Tel./Fax 0 89/5 35 01 15;
www.villapallas.pl; 30 Zimmer
●●● CREDIT 🐕

**Polsko-Niemieckie Centrum
Młodzieży** ····⟩ S. 51, a 2
Das »Deutsch-Polnische Jugendzent-
rum«, oft auch als »Hotel Centrum«
geführt, befindet sich in einem Bür-
gerhaus nahe der Ordensburg. Kein
studentisches Hostel, wie man erwarten könnte, sondern ein Hotel mit
allem nötigen Komfort, selbst Garage
und bewachter Parkplatz sind vorhanden.
ul. Okopowa 25; Tel. 0 89/5 34 07 80,
Fax 5 27 69 33; www.pncm.olsztyn.pl;
35 Zimmer ●● MASTER VISA

Warmiński ····⟩ S. 51, östl. c 1
Neues Mittelklassehotel östlich der
Altstadt, alle Zimmer mit Internetzu-
gang. Das angeschlossene Restaurant wird für die gute Qualität seiner
polnischen Gerichte gerühmt.
ul. Kołobrzeska 1 (Ecke Kościuszki);
Tel. 0 89/5 22 14 00, Fax 5 33 67 63;
www.hotel-warminski.com.pl;
132 Zimmer, 5 Apartments ●● CREDIT 🐕

SPAZIERGANG
Der hier vorgeschlagene Weg be-
schränkt sich auf die Altstadt, weil
Olsztyn dort am schönsten ist. Ge-
startet wird am **Hohen Tor** (Brama
Wysoka), einem gotischen Backsteinbau aus dem 14. Jh., der früher Teil der
umfassenden Stadtbefestigung war.
An seiner Südseite führt die Staromiejska zum **Marktplatz** mit Altem
Rathaus, Laubenhäusern und Straßencafés. Zur Linken, nur zwei Quer-
straßen entfernt, erhebt sich die **Jakobskathedrale**. Nachdem man ihr
einen Besuch abgestattet hat, geht
man die Piastowska hinab und kommt
an einem restaurierten Speicher vor-

bei. Über die Mieszka-Passage geht
es nach links in die Prosta, wo man
einen weiteren alten Fachwerkspei-
cher passiert (Ul. Kołłątaja 14). Vor
dem Fluss hält man sich rechts und
läuft am Ostufer der Łyna durch den
Schlosspark. Zur Rechten sieht man
Reste der alten Stadtmauer, in Lauf-
richtung erhebt sich machtvoll die
Ordensburg, in deren Schutz Mitte
des 14. Jh. die Stadt gegründet wurde. Nach Besuch des **Museums von
Ermland und Masuren** und seiner De-
pendance am Fischmarkt (Targ Rybny)
kehrt man zum Ausgangspunkt des
Spaziergangs zurück.
Dauer: 1 Std. (ohne Museumsbesuch)

SEHENSWERTES
Altes Rathaus/Stary Ratusz
····⟩ S. 51, b 2
1624 wurde es erbaut, 1945 zerstört.
Nach dem Krieg wurde es in nahe-
zu gleicher Gestalt wieder errichtet,
ebenso die am Markt befindlichen
Giebellaubenhäuser, die teilweise bis
auf das 14. Jh. zurückgehen.

**Jakobskathedrale/Kościół Farny
Św. Jakuba** ····⟩ S. 51, b 2
Ende des 14. Jh. als spätgotische Hal-
lenkirche erbaut, Turm und Altäre ent-
standen 200 Jahre später (Renais-
sancetriptychon 1553). In den Jahren
1866 bis 1868 wurde die Kirche neu-
gotisch restauriert, ihre Innenausstattung wirkt, abgesehen vom feinglied-
rigen Netzgewölbe, eher karg.

Ordensburg/Zespół zamkowy
····⟩ S. 51, a 1
Ehemalige Burg des ermländischen
Domkapitels (14. Jh.), heute Heimstät-
te des Masurischen Museums. Kopernikus arbeitete hier fünf Jahre lang
als Verwalter. Bis zum heutigen Tag
danken es ihm die Polen, dass er am
16. November 1520 den polnischen
König in einem Brief um militärische
Unterstützung gegen den Deutschen
Orden bat. Von der Turmspitze eröffnet sich ein weiter Blick über die

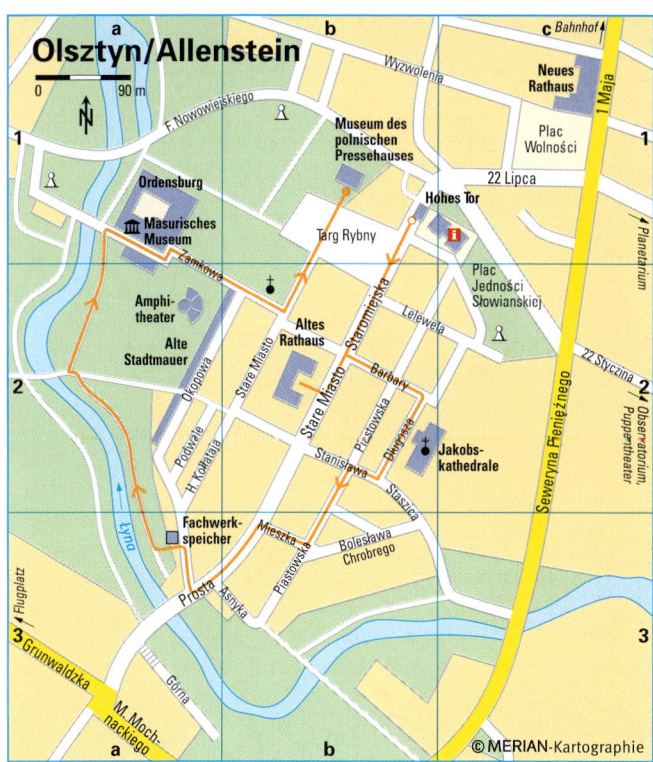

Olsztyn/Allenstein

© MERIAN-Kartographie

Stadt, im Burgcafé kann man sich vom anstrengenden Aufstieg erholen.

MUSEEN

Astronomisches Observatorium/ Obserwatorium Astronomiczne
↦ S. 51, östl. c 2
In einem Wasserturm aus dem Jahr 1897, etwa 1 km östlich des Zentrums. Tagsüber kann die Sonne, abends der Himmel beobachtet werden.
ul. Żołnierksa 13; Mo–Sa 10–13, Di–Fr 21–22 Uhr

Museum von Ermland und Masuren/Muzeum Warmii i Mazur
↦ S. 51, a 1
Umfangreiche Sammlung bedeutender Kunstwerke der Region, dazu Ausstellungen zu Kopernikus, handschriftliche Dokumente und Messinstrumente.
ul. Zamkowa 2; Di–So 10–16 Uhr

Museum des polnischen Pressehauses/Dom Gazety Olsztyńskiej
↦ S. 51, b 1
Im Gebäude des ehemaligen Fischmarkts: Exponate zur Stadtgeschichte und zum deutsch-polnischen Verhältnis.
Targ Rybny 1; Di–So 9–16 Uhr

Planetarium/Planetarium Lotów Kosmicznych
↦ S. 51, östl. c 1
Auch Kindern könnte es gefallen, die Erde mal »von oben« zu erleben. Eine umfangreiche Ausstellung spiegelt

Aufgang zur Burg von Olsztyn, dem früheren Sitz des ermländischen Domkapitels. Heute ist hier ein sehenswertes Museum untergebracht.

die Entwicklung der Astronomie seit den Tagen des Kopernikus.
al. Piłsudskiego 38;
www.planetarium.olsztyn.pl;
Di–So 10–16 Uhr

ESSEN UND TRINKEN

Corner Café ⤑ S. 51, östl. c 1
Gut und beliebt: traditionelle polnische Speisen, kreativ variiert.
ul. Dąbrowszczaków 8/9;
Tel. 0 89/5 27 57 26 ●● MASTER VISA

Nowoczesna ⤑ S. 51, östl. c 1
Das Restaurant im Hotel Warmiński bietet sehr gute polnische Küche, Spezialitäten sind Wachtel in Zitronensuppe, Salat mit Maräne und Himbeer-Crêpes.
ul. Kołobrzeska 1 (Ecke Kościuszki);
Tel. 0 89/5 33 46 72 ●● CREDIT

Café Staromiejska ⤑ S. 51, b 2
Straßencafé am Altstädtischen Markt mit leckeren Pfannkuchen (»naleśni-

ki«). Auch kleine Gerichte kann man probieren; gut schmeckt z. B. Ente »auf königliche Art«, also mit Äpfeln gefüllt (»kaczka po królewsku«). Im Sommer gibt es Livemusik.
ul. Stare Miasto 4/6; Tel. 0 89/5 27 58 83
● MASTER VISA

Pożegnanie z Afryką ⤑ S. 51, a 2
Herrliche Düfte und drei Dutzend verschiedene Kaffeesorten aus aller Welt, die in kleinen Keramikkannen auf Stövchen serviert werden.
ul. Podwale 2 ●

EINKAUFEN
Zeitgenössische Kunst gibt es relativ preiswert in den Galerien der Altstadt. Dort findet man auch zahlreiche Boutiquen und Kunsthandwerksläden.

AM ABEND
Gern trifft man sich in den Cafés der Altstadt, im Café Staromiejska erklingt regelmäßig Livemusik. Im Sommer gibt es rund um die Ordensburg Poesie-, Blues- und Jazz-Abende, samstags auch eine Disko. Das Ensemble »Pro Musica Antiqua« bietet in und vor der Burg Konzerte mit klassischer Musik (bitte auf Aushänge achten!).

Filharmonia ⤑ S. 51, östl. c 1
Am Wochenende Darbietungen klassischer Musik.
ul. Kościuszki 39

Teatr Lalek ⤑ S. 51, östl. c 2
Polens bekanntestes Puppen- und Marionettentheater.
ul. Głowackiego 17

SERVICE
Auskunft
PTTK ⤑ S. 51, c 2
Das Reisebüro am Hohen Tor verleiht Kajaks und hält Angebote für organisierte Touren auf der Krutynia-Route bereit
ul. Staromiejska 1, 10–950 Olsztyn;
Tel./Fax 0 89/5 35 35 65;
www.um.olsztyn.pl

Autovermietung
Hertz
ul. Dąbrowszczaków 1;
Tel. 0 89/5 27 57 93

Golf   ┈┈> S. 51, südl. a 3
18-Loch-Anlage am Naterskie-See,
10 km südwestlich von Olsztyn.
Olsztyński Klub Golfowy, ul. Naterki 13-A,
Unieszewo; Tel./Fax 0 89/5 41 23 52

Rundflüge   ┈┈> S. 51, westl. a 3
Wer Lust auf ein Flugabenteuer hat,
fährt nach Dajtki 4 km westlich von
Olsztyn und nimmt an einem Rundflug
über die westmasurischen Seen teil.
Aeroclub Warmińsko-Mazurskiego,
ul. Sielska 34; Tel. 0 89/5 27 52 40

Ziele in der Umgebung

Barczewo/Wartenburg
┈┈> S. 116, C 17

Das Franziskanerkloster, in preußi-
scher Zeit zum Gefängnis umfunktioniert, hat Barczewo traurige Berühmtheit beschert. Hier war Erich Koch,
der ehemalige Gauleiter Masurens,
bis zu seinem Tod im Jahr 1986 inter-
niert, und hier waren auch Anfang der
1980er-Jahre führende Aktivisten der
Gewerkschaft Solidarność inhaftiert,
darunter so prominente Politiker wie
der spätere Premierminister Tadeusz
Mazowiecki.

Hinter diesen Fakten verblasst
die Tatsache, dass der Ort über zwei
imposante gotische Backsteinkirchen
aus dem 14. Jh. verfügt: die zum Kloster gehörige einschiffige Andreas-
kirche mit einem marmornen Renais-
sance-Grabmal und die dreischiffige
Annakirche, die Ende des 18. Jh. mit
einem Turm und 100 Jahre später mit
einem großen Chor versehen wurde.
Die Synagoge der Stadt, eines der
wenigen erhaltenen jüdischen Got-
teshäuser Masurens, dient seit 1945
als Kulturzentrum (ul. Kościuszki 14).
16 km östlich von Olsztyn

Dobre Miasto/Guttstadt
┈┈> S. 116, B 17
Wahrzeichen der Kleinstadt am Ufer
der Łyna ist ein Storchennest auf mit-
telalterlichem Wehrturm. Aus der Zeit,
da sie Regierungssitz der ermländischen Bischöfe war (1347–1810), ist
der größte Sakralbau des Ermlands,
eine eindrucksvolle dreischiffige
Stiftskirche, erhalten. Das benach-
barte Kollegiatshaus überrascht mit
Kreuzgang und restaurierten Fresken.
25 km nördlich von Olsztyn

Elbląg/Elbing   ┈┈> S. 109, E 4

Deutsche Ordensritter unterwarfen
die in der Siedlung Truso ansässigen
Pruzzen und erkoren dem am Frischen
Haff gelegenen Ort zur neuen Hafenstadt Elbing. An die Präsenz des Ordens erinnert noch heute die macht-
volle Nikolaikirche (1237), die mit
ihrem fast 100 m hohen Turm den
Rynek beherrscht. Neben dem Alten
Markttor am Nordrand der restaurierten Rechtstadt erhebt sich die
Dominikanerkirche mit einem Aus-
stellungsraum für zeitgenössische
Kunst (Galeria EL, ul. Kuśnierska 6;
Mo–Fr 10–17, Sa–So 10–16 Uhr). Dokumente zur Stadtgeschichte und archäologische Fundstücke findet man
im Elbinger Museum (Muzeum Elbląs-
kie, Bulwar Zygmunta Augusta 11;
Di–So 10–16 Uhr).

Unbestrittener Höhepunkt für
viele Besucher ist die Schiffsreise auf
dem 1860 eröffneten Oberlandkanal
(→ Routen und Touren, S. 84). Wer
eine Nacht in Elbląg bleiben will, findet am Rande der Altstadt mehrere
recht komfortable Hotels.
95 km nordwestlich Olsztyn

HOTELS/ANDERE UNTERKÜNFTE
Elzam
Schon etwas angegrautes Mittelklassehotel in der ehemaligen Polizeizent-
rale, beliebt bei Busgruppen.

pl. Słowiański 2; Tel. 0 55/2 34 81 11,
Fax 2 32 40 83; www.elzam.com.pl;
128 Zimmer ●●● CREDIT ♿ 🐕

Viwaldi
Angenehmes Drei-Sterne-Hotel, zentral am Marktplatz gelegen. Zum Hotel gehört ein empfehlenswertes Restaurant.
Stary Rynek 16; Tel. 0 55/2 36 25 42,
Fax 2 36 25 41; 35 Zimmer ●●● CREDIT 🐕

Antonieff
Hübsches reetgedecktes Hotel am Nordrand der Altstadt, alle Zimmer mit Sat-TV, eines sogar mit eigener Terrasse. Gutes Preis-Leistungs-Verhältnis.
ul. Grabary 5; Tel. 0 55/2 32 75 55,
Fax 2 32 74 27; www.antonieff.com.pl;
6 Zimmer ●● CREDIT 🐕

SERVICE
Auskunft
Touristeninformation
ul. Czerwonego Krzyża 2, 82–300 Elbląg;
Tel./Fax 0 55/2 32 42 34;
www.it.elblag.com.pl; Mo–Fr 8–16 Uhr

SCHIFFSAUSFLÜGE
Von der Anlegestelle am Bulwar Zygmunta Augusta starten von Mai bis Sept. Ausflugsschiffe der Weißen Flotte zur Tagestour auf den Oberlandkanal (→ Routen und Touren, S. 84). Man fährt im Tragflächenboot nordwärts nach Krynica Morska und Frombork oder weiter bis Kaliningrad (Königsberg). Morgens um 7.30 Uhr geht es los, nach knapp 3 Std. ist man in Kaliningrad, von wo man nach sechsstündigem Aufenthalt wieder zurückfährt. Tickets bekommt man bei der Reederei Żegluga Gdańska (ul. Bulwar Augusta 1; Tel. 0 55/2 32 73 19, Fax 2 32 60 87; www.zegluga.pl). Das Touristenvisum für Kaliningrad sollte man drei Wochen vor der Reise bei Visumexpress.de (Buchenallee 21-A, 51427 Bergisch-Gladbach; Tel. 0 22 04/6 90 42; www.visumexpress.de) besorgen.

Frombork/Frauenburg
····⟩ S. 109, F 3

Seit dem ausgehenden 13. Jh. war Frombork Sitz der ermländischen Bischöfe. Die befestigte Kathedrale am Frischen Haff war auch Wirkungsstätte des Astronomen Nikolaus Kopernikus. Geboren wurde er in Thorn, in Krakau hat er studiert; doch den größten Teil seines Lebens, fast 30 Jahre, verbrachte er in Frombork. Von hier aus revolutionierte er das mittelalterliche Weltbild, indem er die damals ketzerische Idee vertrat, nicht die Erde, sondern die Sonne sei Zentrum des Universums. Kopernikus lebte auf dem befestigten **Domhügel**, verlegte jedoch sein Arbeitszimmer zeitweilig in den später nach ihm benannten Turm. Über das südlich gelegene Haupttor (Brama Główna) betritt man die Anlage, die von der monumentalen **Backsteinkathedrale** beherrscht wird. Im Sommer finden hier im Rahmen eines Festivals zahlreiche Orgelkonzerte statt. Kopernikus wurde 1543 in der Kathedrale beigesetzt, im alten **Bischofspalast** wurde ihm ein Museum gewidmet (Muzeum Kopernika; Mo–Sa 9–16 Uhr, deutschsprachige Führungen). Im nordwestlich gelegenen **Kopernikusturm** ist ein Planetarium untergebracht, vom benachbarten **Glockenturm** genießt man einen weiten Blick auf das Frische Haff. Mit einem Fährschiff der Weißen Flotte lässt sich in 90 Minuten der gegenüberliegende Ort Krynica Morska erreichen.
111 km nordwestlich von Olsztyn

Gietrzwałd/ Dietrichswalde
····⟩ S. 116, B 18

Die katholische Bevölkerung rund um Olsztyn schuf sich bei Gietrzwałd ihren eigenen Wallfahrtsort mit Kalvarienberg. Man entdeckt ihn auf einer Anhöhe über Gietrzwałd, der Zugang ist ausgeschildert (»Sanktuarium«).

An kirchlichen Feiertagen pilgern tausende von Gläubigen zum Marienbild in der neugotischen, prachtvoll ausgestatteten Kirche und richten ihre Bittgebete an die heilige Jungfrau (Kościół Mariacki, al. Różańcowa).

18 km westlich von Olsztyn

ESSEN UND TRINKEN

Karczma Warmińska 🍴🍴

Die »ermländische Dorfschenke« gibt sich rustikal: Man nimmt an langen Holztischen Platz, an denen man mit dem Nachbarn leicht ins Gespräch kommt. Das Essen, das aufgefahren wird, macht mehr als satt: vorneweg saure Gurken und Schmalzbrote, danach gibt es Eintopf, Piroggen und frisches Wild. Mehrmals wöchentlich darf zu Folklore das Tanzbein geschwungen werden.

Gietrzwałd 32; Tel. 0 89/5 12 34 57 ●●
MASTER VISA

Grunwald/Grünfelde

⤳ S. 116, A 19

Inmitten bukolischer Ländlichkeit liegt eines der größten Schlachtfelder Europas. In Grunwald standen sich am 15. Juli 1410 je 30 000 Soldaten der polnisch-litauischen Armee und des deutschen Ordensheeres gegenüber. Ein pompöses, 30 m hohes Stahlmonument preist noch heute den polnischen Triumph. Im benachbarten Museum (Muzeum Bitwy Grunwaldzkiej; Mai–Sept. 8–18 Uhr) werden Waffen, Fahnen und Rüstzeug ausgestellt. Ein kurzer Ausschnitt aus den »Kreuzrittern«, einer Verfilmung des berühmten Sienkiewicz-Romans, illustriert das Kriegsgeschehen. Doch was ist der Film gegen eine Live-Performance? Alljährlich strömen am 15. Juli über 1500 Freizeitritter nach Grunwald, um vor einer riesigen Menschenmenge den triumphalen Sieg über die »Deutschen« nachzuspielen – ein Spektakel, bei dem auch viel getrunken wird.

Nahe Stębark (Tannenberg), wenige Kilometer östlich, schuf sich deutsches Militär 500 Jahre später seinen eigenen Mythos. Von Generalfeldmarschall Hindenburg angeführte Truppen vernichteten im August 1914 die an Zahl überlegenen russischen Einheiten in einer der größten Einkes-

Weithin sichtbar ist der auf einem Hügel erbaute Dom von Frombork, einer der touristischen Höhepunkte des Ermlands.

selungsschlachten des Ersten Weltkriegs.

46 km südwestlich von Olsztyn

....

Iława/Deutsch Eylau
····> S. 115, E 14

Einstige Ordensstadt am Südufer des Jeziorak-Sees. 1945 brannte der Ort fast völlig aus, die gotische Pfarrkirche und das neubarocke Rathaus blieben von der Zerstörung ausgespart. Rings um Iława zeugen Ruinen von der verflossenen Macht des ostpreußischen Landadels. Reichspräsident Hindenburg starb 1934 auf dem Gut Neudeck, gut erhalten ist das Schloss Finckenstein, 27 km nordwestlich von Iława.

72 km westlich Olsztyn

....

Kadyny/Cadinen
····> S. 109, E 3

Das kleine Dorf zwischen Frischem Haff und großer Naturschutzzone ist von Wäldern umgeben. Einst war dieses Gebiet ein bevorzugtes Jagdrevier der Hohenzoller und wurde auch von Wilhelm II. geschätzt. Die kaiserliche Sommerresidenz wurde in ein gemütliches, stilvolles Hotel umgewandelt (→ MERIAN-Spezial, S. 14), angeschlossen ist ein Gestüt mit Reitschule.

115 km nordwestlich von Olsztyn

....

Lidzbark Warmiński/
Heilsberg   ····> S. 116, A 17

In den Jahren 1350 bis 1772 residierten die ermländischen Bischöfe im festungsähnlichen Backsteinschloss von Heilsberg, dem neben der Marienburg besterhaltenen Baudenkmal des deutschen Ordensstaates. Ein quadratischer Innenhof ist mit zweigeschossigem Kreuzgang gesäumt und wird von vier Wehrtürmen flankiert. Der berühmteste Burgbewohner war jedoch kein Bischof, sondern ein Wissenschaftler. Von 1503 bis 1510 lebte hier Nikolaus Kopernikus und war als Leibarzt seines Onkels, des Bischofs Watzenrode, tätig. Heute wird die Burg als Museum genutzt (pl. Zamkowy 1; Di–So 10–16, in den Sommerferien 9–17 Uhr). Neben Andenken an Kopernikus können mittelalterliche Kunstgegenstände besichtigt werden. Die Ikonen stammen aus Gemeinden der Altgläubigen in Moskau, über das Kloster Wojnowo gelangten sie auf Irrwegen in die hiesige Festung.

46 km nördlich von Olsztyn

....

Morąg/Mohrungen
····> S. 116, A 17

1327 von Ordensrittern gegründete Stadt auf halber Strecke zwischen Elbląg und Ostróda. In dem eher ruhigen Ort wurde der deutsche Schriftsteller und Philosoph Johann Gottfried Herder geboren (1744–1803). Seine Büste entdeckt man auf einem Sockel neben der Pfarrkirche, am Geburtshaus in der nach ihm benannten Straße gedenkt man seiner mit einer Bronzetafel. Das Herder-Museum (ul. Dąbrowskiego 54; Di–So 10–17 Uhr) wurde im Renaissance-Schloss der Familie Dohn eingerichtet, dessen einstiger Besitzer dem aus bescheidenen Verhältnissen stammenden Herder das Studium der Philosophie und Theologie in Königsberg ermöglicht hatte.

47 km nordwestlich von Olsztyn

HOTELS/ANDERE UNTERKÜNFTE
Młyn Klekotki
Die »klappernde Mühle« (»młyn klekotki«) aus dem 17. Jh., in der vor einigen Jahrzehnten noch Korn gemahlen wurde, liegt 15 km nördlich der Stadt und beherbergt heute ein stilvolles Hotel. Helle Leinenstoffe, Korbgeflechte und Kiefernholzmöbel schaffen ein ländlich-behagliches Ambien-

te. Der ehemalige Pferdestall wurde in ein Restaurant verwandelt, in dem Wildbret und Fisch aus dem Mühlteich serviert werden, dazu gibt es frisches Brot aus dem hauseigenen Backofen. Das Frühstück wird im Wintergarten mit Blick auf die historische Wasserschleuse eingenommen.
Godkowo; Tel. 0 55/2 49 77 00, Fax 2 49 72 08; www.hotelmlynklekotki.pl; 32 Zimmer ●●● CREDIT 🐎

Olsztynek/Hohenstein
⤳ S. 116, B 18

Die alte Ordensstadt wartet mit einem interessanten **Freilichtmuseum** auf, das aber nur im Sommerhalbjahr geöffnet ist (Skansen, ul. Sportowa 21; Mai–Aug. Di–Fr 9–17, Sa–So 9–18 Uhr, sonst Di–So 9–15 Uhr). Strohgedeckte Holzhäuser, Kirchen und Mühlen erinnern an die dörfliche Welt vor der Industrialisierung. Viele dieser Bauwerke wurden 1938 aus Königsberg hierher gebracht, sind also typische Beispiele der Regionalarchitektur.

5 km östlich breitet sich der »Mrangovenwald des Nordens« aus. Rings um den Łanskie-See beeindruckt eine grandiose Sumpfflandschaft. Dürre Baumstämme ragen aus dem See empor, die Ufer sind mit Gestrüpp zugewachsen. Der wildreiche Wald war bis 1990 exklusives Jagdrevier für hohe Staatsfunktionäre, im Hotel Kormoran verbrachten sie ungestörte Ferien. Noch heute führen einsame, auf kaum einer Karte verzeichnete Asphaltpisten durch morastiges Gelände, sie sind bestens als Radwege geeignet.
30 km südlich von Olsztyn

Orneta/Wormditt
⤳ S. 110, A 8

Ermländische Kleinstadt mit barocken Bürgerhäusern. Ihr Prachtstück ist die dreischiffige Johanniskirche

Die im 15. Jahrhundert erbaute Kościół św. Piotra i Pawla, die St. Peter-und-Paul Kirche, in Lidzbark Warmiński weist ein schönes Sternengewölbe auf.

am Marktplatz (1379), deren Fassade mit grotesken Figuren, Wasserspeiern und Drachen geschmückt ist. Sehenswert ist auch das sechs Jahre ältere Backsteinrathaus auf der gegenüberliegenden Seite.
48 km nordwestlich von Olsztyn

Ostróda/Osterode
⤳ S. 116, A 18

Ganze Straßenzüge der ehemaligen Altstadt (Stare Miasto) wurden nach der Jahrtausendwende mit Giebel und Fachwerk neu erbaut. So erscheint Ostróda plötzlich interessant, auch wenn es kaum über klassische Sehenswürdigkeiten verfügt. Zu den wenigen Gebäuden, die den Zweiten Weltkrieg überstanden, zählt die backsteinerne Ordensburg (1349–1370), in deren Räumen sich heute ein Kulturzentrum und das Regionalmuse-

MERIAN-Tipp

3 Urlaub auf dem Reiterhof

Bei den Saseks am Szoby-See, 10 km südwestlich von Szczytno, kann man sich prächtig erholen. Nicht nur die Störche kommen jedes Jahr nach Sasek Mały zurück, auch viele Urlauber sind »Wiederholungstäter«. Einige genießen vor allem die »Ferien im Sattel« und den preiswerten Reitunterricht, andere die gute Küche oder einfach nur die Landluft. Die Hälfte der zehn Zimmer sind klein und eher für Pärchen gedacht, die andere Hälfte bedeutend größer, also für Familien mit Kindern geeignet. Und weil Ewa und Tadeusz, die Gastgeber, Deutsch sprechen, kann man sich auch gut verständigen.

Pension Sasek, Sasek Mały 14, 12–100 Szczytno; Tel./Fax 0 89/6 22 11 60; www.sasek.pl ●●

·····⫸ S. 117, D 18

um befinden (Muzeum Regionalne, ul. Mickiewicza 22; Di–So 10–16 Uhr). Ostróda ist von mehreren Seen umgeben und gilt als wichtigstes Wassersportzentrum der Region. Hier beginnt bzw. endet die spektakuläre Exkursion auf dem Oberlandkanal Kanal (→ Routen und Touren, S. 84). Doch auch andere Himmelsrichtungen bieten sich an: Über den längsten See Polens, den Jeziorak-See, kann man Iława, über den Szeląg-See das malerische Stare Jabłonki (Alffinken) erreichen.

36 km westlich von Olsztyn

Stare Jabłonki/Alffinken

·····⫸ S. 116, A 18

Der noch immer relativ unbekannte Ferienort liegt zwischen dem kleinen und dem großen Szeląg-See. Das im Kiefernwald versteckte Wassersportzentrum des PTTK ist auch für Zugreisende leicht zu erreichen: Vom kleinen Bahnhof an der Strecke Toruń-Olsztyn brauchen sie zu Fuß nur etwa zehn Minuten. 800 m vom PTTK-Zentrum entfernt, am hohen Ufer des kleinen Szeląg-Sees, thront das Komforthotel Anders, eine der besten Adressen für Aktivurlauber weit und breit.

29 km westlich von Olsztyn

Das beschauliche Städtchen Szczytno ist ein guter Ausgangspunkt, um das westliche Masuren zu entdecken.

HOTELS/ANDERE UNTERKÜNFTE

Anders

Zweigeteilter Hotelkomplex mit drei Studios im denkmalgeschützten »Palast« und einfacheren Einzel- und Doppelzimmern im modernen neuen Gebäude. Alle Zimmer sind mit Bad, Telefon und Sat-TV ausgestattet. Den Gästen stehen Mountainbikes zur Verfügung, sie können Tennis und Squash spielen, rudern und segeln, Bretter fürs Windsurfing ausleihen. Ferner Hallenbad, Sauna, Jacuzzi und Massage. Abends trifft man sich beim Kegeln, spielt Billard, Darts und Tischfußball. Im dazugehörigen Restaurant gibt es geräucherte Forelle und andere Fischgerichte, viele Fleischspeisen werden mit Steinpilzen »angereichert«, z. B. Lendenrouladen und Wildschweinklößchen. Familien mieten sich auch gern in den nahe gelegenen Bungalows ein: Holzhäusern für 2 bis 5 Personen mit zwei Schlafzimmern, Bad und Küchennische.

14–133 Stare Jabłonki;
Tel. 0 89/6 41 14 25, Fax 6 41 14 89;
www.hotelanders.com.pl; 124 Zimmer
•• CREDIT ♿ 🐕

Szczytno/Ortelsburg

⤑ S. 117, D 18

Vor einigen Jahren schien eine goldene Zeit für Szczytno anzubrechen: Der ehemalige Militärflughafen Szymany (10 km südl.) öffnete sich für den zivilen Luftverkehr, und viele Masuren-Urlauber genossen es, ohne langwierige Anreise mit Auto, Bus oder Zug direkt »im Grünen« zu landen. Schon aus der Luft konnten sie einen ersten Blick auf die Seenplatte werfen. Inzwischen ist der Flughafen wieder geschlossen, und Szczytno droht in Dauerschlaf zu versinken. Doch die von kleinen Seen und dichten Wäldern umschlossene Stadt hat mehrere kleine Hotels und ist ein guter Ausgangspunkt für die Erkundung West-Masurens. Das Rathaus beherbergt

ein **Masurisches Museum**, in dem archäologische Funde, aber auch alte Bauernmöbel und Kachelöfen, Keramik und Korbwaren ausgestellt sind (Muzeum Mazurskie, ul. Sienkiewicza 1; Di–So 10–16 Uhr). Ungewöhnlich im Nordosten Polens: die Entdeckung eines alten jüdischen Friedhofs (ul. Łomżyńska, knapp südlich der Bahngleise). Schiefe Grabsteine mit hebräischen Schriftzügen sind überschattet von Eichen und Buchen.

48 km südöstlich von Olsztyn

HOTELS/ANDERE UNTERKÜNFTE

Krystyna

An einem hübschen See gelegenes Hotel im Fachwerkstil mit großen, komfortabel ausgestatteten Zimmern. Die Küche ist die beste vor Ort, der Parkplatz ist bewacht, und für alle, die kein eigenes Rad dabei haben, gibt es einen Verleih.

ul. Żwirki i Wigury 10; Tel./Fax
0 89/6 24 21 69; www.hotelkrystyna.pl;
40 Zimmer ••• CREDIT 🐕

MERIAN-Tipp

⭐④ Polens größtes Storchendorf

Es gibt wohl kein einziges masurisches Dorf ohne Storchennest, doch wo erlebt man es, dass jedes Hausdach mit Horsten gespickt ist? Żywkowo, so sagt man, hat mehr Störche als Einwohner. Im letzten Jahr war das Verhältnis 4:1, auf 40 Einwohner kamen 160 dieser majestätischen Vögel. Der Ort liegt an der russischen Grenze fast am Ende der Welt, 12 km nördlich von Bartoszyce. Mittlerweile gibt es hier ein Storchenmuseum und einen Beobachtungsturm, in einer agrotouristischen Pension können Vogelfreunde preiswert übernachten.

Zwojska Chata (»Hier zu Hause«),
Żywkowo 2, 11–220 Gorowo Iławeckie;
Tel. 0 89/7 61 81 70 • ⤑ S. 110, c 7

Masurische Seenplatte: Der Norden

Land der Kontraste: Ruinen des Führerhauptquartiers, viel Wald und malerische Gewässer.

Am Südzipfel des Niegocin-Sees liegt das Dorf Rydzewo, das neben einer Bootsanlegestelle auch gute Gasthäuser aufzuweisen hat.

Es ist schwer, eine genaue Grenzlinie zwischen Nord- und Südmasuren zu ziehen, doch die Unterschiede zwischen den beiden Regionen sind unübersehbar. Im Norden erhielt sich vielerorts dichter Mischwald, das Land ist buckliger und fruchtbarer. Darum verwundert es nicht, dass sich gerade hier der preußische Hochadel seine schönsten Herrenhäuser erbaute und Ländereien anhäufte. Zu den Sehenswürdigkeiten des Nordens zählen Święta Lipka, eine Wallfahrtskirche in opulentem Barock, und die Wolfsschanze, Hitlers Hauptquartier im Zweiten Weltkrieg.

Giżycko/Lötzen

32 000 Einwohner   ⸱⸱⸱⸱> S. 112, A 12
Stadtplan → S. 63

Giżycko, die größte Stadt Masurens, liegt auf der Landzunge zwischen Niegocin- und Kisajno-See und bietet mit seinen vielen Hotels und Freizeitangeboten eine gute touristische Infrastruktur. Oft wird sie »Polens Sommerhauptstadt« genannt oder auch »Hauptstadt des Wassersports«. Segler, Kajakfahrer und Windsurfer kommen hier auf ihre Kosten, und wenn die Seen im Winter zugefroren sind, rücken Schlittschuhläufer und Eissegler nach. Vom zentral gelegenen Hafen starten Ausflugsschiffe der Weißen Flotte zu mehrstündigen Touren.

Die Geschichte Giżyckos reicht bis ins späte 13. Jh. zurück, als die Ordensritter die alte Pruzzenburg einnahmen und zerstörten. In einem Dokument aus jener Zeit wird der Ort »Leczen« genannt, später wurde daraus »Lötzen« – ein Name, den die Stadt bis 1945 behielt. Hinter dem heute gültigen polnischen »Giżycko« verbirgt sich der Name Gustav Gisevius, der sich in der Stadt als Pastor um die Erhaltung der polnischen Sprache verdient gemacht hat.

Sehenswertes gibt es nicht viel in Giżycko – viele Besucher meinen, die Stadt hätte aufgrund ihrer malerischen Lage attraktivere Plätze und Straßen verdient. Doch nach 1945 war die alte Bausubstanz weitgehend zerstört, und was dann neu entstand, war fast immer von Funktionalität und Zweckmäßigkeit, nur selten vom Sinn für Schönheit bestimmt.

Zu den wenigen Sehenswürdigkeiten der Stadt zählt die nach dem Kriegsminister von Boyen benannte Festung (1844–1847), der im Ersten Weltkrieg große Bedeutung bei der Verteidigung gegen russische Truppen zukam. Interessant ist auch die Ende des 19. Jh. fertig gestellte spektakuläre Drehbrücke. Sie führt über den mitten durch die Stadt führenden Kanal und regelt noch heute den Boots- und Autoverkehr.

HOTELS/ANDERE UNTERKÜNFTE

Mazury   ⸱⸱⸱⸱> S. 63, a 1
Eine gute Wahl, auch wenn der frei hier Seeblick mittlerweile durch das Hotel Europa verbaut ist. Einige Zimmer haben Balkon, Räder können ausgeliehen werden.
al. Wojska Polskiego 56;
Tel. 0 87/4 28 46 99, Fax 4 28 59 56;
46 Zimmer ●●● MASTER VISA 🐾

COS (Centralny Ośrodek Sportu)
    ⸱⸱⸱⸱> S. 63, westl. a 1
Das COS-Sporthotel liegt 1 km stadtauswärts am Kisajno-See und ist die beste Adresse für jugendliche Aktivurlauber. Es verfügt über eine eigene Anlegestelle, man kann Fahrräder, Ruder- und Segelboote mieten. Preiswerte Segelkurse.
ul. Moniuszki 22;
Tel./Fax 0 87/4 28 23 35; 201 Zimmer
●● MASTER VISA 🐾

Europa 👫   ⸱⸱⸱⸱> S. 63, a 1
Modernes Komforthotel in privilegierter Lage: direkt am Kisajno-See, die meisten Zimmer mit Seeblick und Balkon. Im Restaurant setzt man auf Altbewährtes: polnische Hausmannskost wie bei Großmutter, schmackhaft und

reichlich. Man kann Paddel-, Ruder- und Tretboote ausleihen, das hauseigene Ausflugsschiff schippert die Gäste über den See. Außerdem steht eine Flotte von 70 Rädern bereit.

al. Wojska Polskiego 37;
Tel. 0 87/4 29 30 01, Fax 4 29 25 54;
www.hoteleuropa.mazury.info.pl;
62 Zimmer ●● CREDIT

Wodnik
⟶ S. 63, c 2

Typische Architektur der 1970er-Jahre, doch muss das den nicht stören, der drinnen wohnt. Das Hotel liegt zentral, der Service ist gut, und alle Zimmer sind sauber-funktional. Das Büfettfrühstück lässt keine Wünsche offen, für sportliche Gäste gibt es außerdem einen hoteleigenen Fahrradverleih.

ul. 3 Maja 2; Tel. 0 87/4 28 38 72,
Fax 4 28 39 58; www.cmazur.elknet.pl;
65 Zimmer ●● CREDIT 🐾

Wilkasy Country Club
⟶ S. 63, südl. a 3

Ferienanlage am Niegocin-See 4 km südwestlich der Stadt. Man hat die Wahl zwischen Hotelzimmern, Holzhäusern und Bungalows. Mountainbikes und Boote kann man sich ausleihen, angeschlossen ist ein Gestüt mit Reitpferden.

ul. Niegocińska 7, 11–532 Wilkasy;
Tel. 0 87/4 28 04 54, Fax 4 28 00 24;
www.wilkasy.netoferta.pl; 61 Zimmer
●/●● CREDIT 🐾

Sehenswertes
Deutsche Ordensburg/Zamek
⟶ S. 63, b 2

Die um 1340 erbaute Deutsche Ordensburg wurde im Laufe der Geschichte mehrfach umgebaut, nach ihrer Zerstörung im Zweiten Weltkrieg blieben nur Fragmente erhalten. Polnische Besucher pilgern hinüber zum »Hügel des hl. Bruno« (Wzgorze św. Brunona), wo laut Legende Bischof Bruno von Querfurt auf einer Missionsreise von den Pruzzen getötet wurde.

Evangelische Kirche/Kościół Ewangelicki
⟶ S. 63, c 2

Nach einem Entwurf Karl Friedrich Schinkels erbaute Kirche (1827). Sonntags findet hier ein Gottesdienst in deutscher Sprache für die evangelisch-augsburgische Gemeinde statt. Stets gut besucht sind die Orgelkonzerte im Sommer.

pl. Grunwaldzki

Festung Boyen/Twierdza Boyen
⟶ S. 63, a 2/3

Sternförmig erbaute preußische Bastion aus dem 19. Jh., benannt nach dem Kriegsminister von Boyen. Sie thront auf der Landenge zwischen den Seen Niegocin und Kisajno und ist mit ihren vielen Wällen und Gräben, Mauern und Verliesen ein beeindruckendes Bauwerk. Die Festung ist von einer über 2300 m langen Ziegelsteinmauer umgeben, ihre Innenfläche beträgt 100 ha. In den Räumen befinden sich heute eine Jugendherberge sowie ein kleines Heimatmuseum. Im Sommer finden auf der Freilichtbühne des Amphitheaters Kulturveranstaltungen statt, unter anderem das sehr beliebte Shanty-Festival mit waschechten Seemannsliedern.

ul. Turystyczna 1; Di–So 10–17 Uhr

Essen und Trinken
Jantar
⟶ S. 63, c 2

Mitten im Lokal steht ein Baum, der für eine Prise Ländlichkeit sorgt. Auch die Küche gibt sich masurisch-ländlich: Aus frischen Waldpilzen zaubert die Köchin leckere Soßen, die zu Fisch- und Fleischgerichten serviert werden.

ul. Warszawska 10; Tel. 0 87/4 28 54 15
●● MASTER VISA

Am Abend
Jazz Klub Galeria
⟶ S. 63, c 2

Livemusik und gute Stimmung, an den Wänden hängen Schnappschüsse von Tomasz Stańko und anderen Jazzgrößen.

ul. Warszawska 17

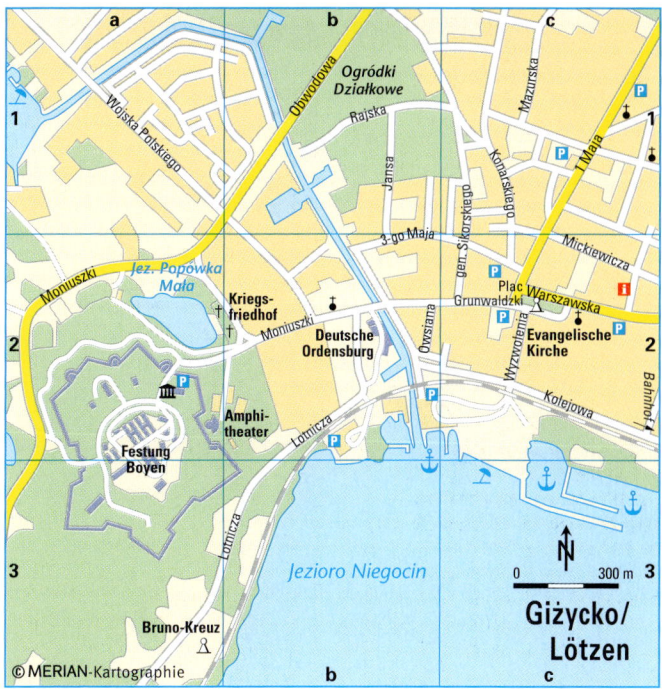

Giżycko/
Lötzen

© MERIAN-Kartographie

SERVICE
Auskunft
Touristeninformation
Der Leiter des Büros spricht gut
Deutsch, man erhält hier nützliche
Broschüren sowie aktuelle Hinweise
auf Ausflüge und anstehende Kultur-
veranstaltungen.
ul. Warszawska 7, 11–500 Giżycko;
Tel. 0 87/4 28 52 65, Fax 4 28 57 60;
www.gizycko.um.gov.pl; Mo–Fr 8–15.30,
in der Saison 8–18 Uhr

WASSERSPORT
Am Mamry-See liegen alle wichtigen Adressen beieinander. Das ge-
wünschte Gerät bekommt man im
COS-Sporthotel, im Segel- und Wassersportzentrum Almatur (ul. Moniuszki 24; Tel. 0 87/4 28 58 98) oder
in der Tauchzentrale (ul. Moniuszki
10/6; Tel. 0 87/4 28 88 74).

Ziele in der Umgebung
Drogosze/Dönhoffstädt
·····⟩ S. 111, E 8

Einst eines der schönsten Schlösser Ostpreußens: Gekrönte Häupter
stiegen hier ab, wenn sie auf Durch-
reise nach Königsberg waren. Bogis-
law Friedrich Dönhoff, ein Vorfahre
der ehemaligen, 2002 verstorbenen
»Zeit«-Herausgeberin Marion Gräfin
von Dönhoff, ließ sich das Schloss
1714 erbauen. Im 19. Jh. ging es in
den Besitz der Stolberg-Wernigero-
des über, 1945 flüchteten die letzten
Adelsvertreter vor der Roten Armee.
Bis zum Jahr 1990 diente das Schloss
als Landwirtschaftsschule, in Erwar-
tung eines saftigen Spekulations-
gewinns fand sich anschließend sehr
rasch ein Käufer. Für den Erhalt des

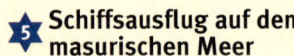

MERIAN-Tipp

⑤ Schiffsausflug auf dem masurischen Meer

Mit den Schiffen der Weißen Flotte (Żegluga Mazurska) kann man die Seen und Kanäle rund um die Stadt Giżycko auf angenehme Weise erkunden. Die Anlegestelle befindet sich am Nordufer des Niegocin-Sees, dort bekommt man auch Fahrpläne und Tickets. Nordwärts geht es im Rahmen einer Tagestour nach Węgorzewo, südwärts nach Mikołajki und Ruciane-Nida. Wem das zu weit ist, der bescheidet sich mit einer kleinen Rundtour, etwa zur Kormoraninsel, einem Naturparadies. Man darf zwar nicht aussteigen, doch auch vom Schiff aus kann man sie sehen: brütende Kormorane, wilde Enten, Gänse und Schwäne. Ein besonderes Erlebnis sind auch die Nachtfahrten: Das Schiff fährt auf den See hinaus, und ein Kammerorchester spielt Bach und Vivaldi!   ┄┄┄> S. 112, A 12

Schlosses hat dieser bislang wenig getan, selbst der 79 ha große Park ist verwildert. Für Besucher ist lediglich der Park zugänglich.

48 km nordwestlich von Giżycko

Gołdap/Gołdap

┄┄┄> S. 112, B 11

Über die etwas farblose Grenzstadt Gołdap (ca. 14 000 Einwohner) erreicht man die Rominter Heide (Puszcza Romincka), die noch immer ein »Geheimtipp« unter Urlaubern ist. Das ausgedehnte Waldgebiet ragt weit in die russische Enklave Kaliningrad hinein. Da man die Pisten des Landschaftsparks nicht mit dem Auto befahren darf, präsentiert er sich als ideales Revier für Wanderer und Biker.

60 km nördlich von Giżycko

Kętrzyn/Rastenburg

┄┄┄> S. 111, E 8

Industriestadt inmitten anmutiger Landschaft. Deutsche Ordensritter legten hier auf der Reise von Marienburg nach Königsberg eine »Rast« ein, dieser Fügung verdankt die Stadt ihren Namen. In der vom Orden errichteten Burg (1360) ist heute ein Heimatmuseum für regionale Kunst und Geschichte untergebracht (Di–So 10–16 Uhr). Touristische Bedeutung hat der Ort aufgrund seiner Nähe zur Wolfsschanze (Wilczy Szaniec), aber auch Mrągowo, Reszel und Święta Lipka sind gut zu erreichen. Wenn im Sommer die Unterkünfte in Giżycko überfüllt sind, findet man hier immer noch ein Plätzchen.

28 km westlich von Giżycko

HOTELS/ANDERE UNTERKÜNFTE
Koch
Freundliches, zentral gelegenes Mittelklassehotel mit gut ausgestatteten Zimmern, Sauna und Whirlpool. Verleih von Fahrrädern und Wassersportgeräten.
ul. Traugutta 3; Tel. 0 89/7 52 25 58, Fax 7 52 23 90; 42 Zimmer ●● CREDIT 🐾

Miłki/Milken   ┄┄┄> S. 118, A 21

Das Dorf über dem schmalen, knapp 9 km langen Buwełno-See rühmt sich der ältesten Kirche Masurens (1480). Die sumpfartige Landschaft westlich des Sees wird umgangssprachlich als »Junggesellenhort« bezeichnet: Alljährlich treffen sich hier 5000 Kraniche – allerdings nicht um zu brüten, sondern um sich laut schnatternd zu begrüßen.

13 km südöstlich von Giżycko

HOTELS/ANDERE UNTERKÜNFTE
Teresa
6 km südöstlich von Miłki: Sehr gute Pension am Buwełno-See unter deutsch-polnischer Leitung, fast alle

Zimmer mit Balkon und Seeblick. Das Büfettfrühstück ist umfangreich, danach kann man Fahrräder und Boote ausleihen. Bewachter Parkplatz.

Marcinowa Wola 1; Tel. 0 87/4 21 10 97; 10 Zimmer und Apartments ●● `CREDIT`

ESSEN UND TRINKEN

Karczma Stara Kuźnia

In der »Alten Schmiede« (3 km südöstlich von Miłki) servieren Marta und Stanisław herzhafte Kost: Toll schmecken der Żurek im ausgehöhlten Brotlaib und der Fleischspieß vom offenen Feuer.

Przykop 1; Tel. 0 87/4 21 10 86 ●●

Reszel/Rössel

⤳ S. 111, E 8

Übernachten im Schloss – auch in Reszel ist's möglich (→ MERIAN-Spezial, S. 15). Die Burg der Ermländischen Bischöfe wurde in der 2. Hälfte des 14. Jh. erbaut, in ihrem Schutz bildete sich ein hübsches und wohlhabendes Städtchen heraus. Reszel war einst wichtiger Stützpunkt auf der Handelsroute von der Bernsteinküste ins Binnenland, später auch religiöses Zentrum der Region. Hoch aufragende Türme bestimmen die Silhouette der Stadt, in der Burg wurde eine Galerie moderner Kunst eingerichtet (Di–So 10–17 Uhr).

50 km westlich von Giżycko

Rydzewo/Rydzewen

⤳ S. 118, A 21

Hier macht man gern Station: Das kleine Dorf liegt am Südzipfel des Niegocin-Sees, der sich wie ein Meer zum Horizont erstreckt. Rydzewo hat zwei gute Gasthäuser im Schatten einer aus Feldsteinen errichteten Kirche sowie eine Anlegestelle, in der stets ein paar Windjammer vor Anker liegen.

14 km südlich von Giżycko

Stare Juchy/ Alt Fließdorf

⤳ S. 118, B 21

Das von mehreren Seen umgebene Dorf wird allmählich touristisch entdeckt. Seine Attraktion ist ein nur 80 cm hoher, aber 11 m langer Findling, an dessen Oberseite sich eine Vertiefung befindet. Um die Bewohner, die darin das Blut der Opfertiere sammelten, von ihren heidnischen Ritualen abzubringen, wurde 1585 in Sichtweite des Steins eine Kirche erbaut.

31 km südöstlich von Giżycko

HOTELS/ANDERE UNTERKÜNFTE

Siedlisko Morena

Unterkunft der Luxusklasse mit rustikalem Restaurant und eleganter Jazzbar: Die Apartments verteilen sich auf fünf Häuser, die in einem Kreis erbaut sind. Mit Indoor-Pool und zwei Flutlicht-Tennisplätzen. 2 km entfernt eröffnete der Besitzer ein weiteres Hotel, wo man auch Boote und Räder ausleihen kann.

Siedlisko; Tel. 0 87/6 19 99 99, Fax 6 19 99 98; www.siedliskomorena.pl; 33 Apartments ●●● `CREDIT`

Święta Lipka/ Heiligelinde

⤳ S. 111, E 8

Eine Legende rankt sich um den berühmten Wallfahrtsort am Dejnowa-See. Als die wundertätige Maria einem zum Tode Verurteilten in seiner Zelle erschien, war er von ihrem Anblick so gebannt, dass er ihr Ebenbild in ein Stück Holz schnitzte. Die Richter wiederum waren von der Schönheit des Werkes so gerührt, dass sie beschlossen, den Gefangenen auf freien Fuß zu setzen. Der so plötzlich Befreite befestigte das Bild an einer mächtigen Linde, die fortan das Ziel inbrünstiger Wallfahrten wurde. Tausende frommer Katholiken pilgern alljährlich hierher und erhoffen sich am Ort der Wunder Erlösung von ihren Sorgen und Nöten.

In den Jahren 1687 bis 1694 entstand an besagter Stelle **Heiligelinde**, die berühmte Klosteranlage der Jesuiten. Besucher Masurens, mittlerweile an den Anblick wehrhafter Backsteinbauten gewöhnt, mögen ihren Augen kaum trauen. Auf einer breiten Waldlichtung ragt hell und verspielt die schönste Barockkirche Nordpolens auf. Wie die Fassade, so der Innenraum: vergoldete Balustraden und Pfeiler, ein 19 m hoher, schwerelos wirkender Altar mit dem verehrten »Bild der Schmerzensmutter« und eine Orgel mit beweglichen Figuren. Stündlich (Mo–Sa ab 9.30, So ab 10.30 Uhr) kann man sich bei einem kurzen Konzert vom herrlichen Klang der Orgel überzeugen.

44 km westlich von Giżycko

Fast südländisch mutet die gelbe Doppelturmfassade der Święta Lipka an – kein Wunder, ihr Architekt stammte aus Tirol.

Sztynort / Steinort
→ S. 111, F 8

Das auf einer Landzunge zwischen Mamry- und Dargin-See thronende Schloss erreicht man von Westen über eine Eichenallee. Über 500 Jahre residierte hier die mächtige Familie Lehndorff. Der letzte Schlossherr musste sich sein Anwesen mit dem Nazi-Außenminister Ribbentrop teilen, dem das Schloss als Feldquartier diente. Heinrich Graf von Lehndorff, Mitverschwörer am Attentat des 20. Juli 1944, wurde hingerichtet, sein Schloss ein Jahr später von der Roten Armee konfisziert. Bis heute fand sich niemand, um die für die Renovierung notwendigen Gelder zu investieren.

26 km nordwestlich von Giżycko

Węgorzewo / Angerburg
→ S. 112, A 11

Nördlichster Anlaufpunkt der Weißen Flotte, nur 20 km von der russischen Grenze entfernt. Das Museum der Volkskultur (Muzeum Kultury Ludowej, ul. Portowa 1; tgl. 10–15 Uhr), die evangelische Kirche und einige Burgruinen zählen zu den wenigen Sehenswürdigkeiten der Stadt. Auf der südwestlich gelegenen Halbinsel kann man wunderbar baden: Das Wasser ist glasklar, die vorgelagerte Insel Upałty birgt ein Vogelreservat.

27 km nördlich von Giżycko

HOTELS / ANDERE UNTERKÜNFTE
Nautic
Herrlich am Młynski-Kanal nahe der Schiffsanlegestelle gelegenes Hotel. Alle Zimmer mit Bad und Sat-TV, außerdem Verleih von Rädern, Booten und Wassersportgeräten. Das Restaurant verfügt über eine Terrasse und ist für seine guten Fischgerichte bekannt.
ul. Słowackiego 14;
Tel./Fax 0 87/4 27 20 80; 12 Zimmer
●● 🐕

SERVICE
Auskunft
Informacja Turystyczna
Nützliche Tipps, Verkauf von Fähr-
tickets und Vermittlung von Unterkünften.
ul. Zamkowa 7; Tel. 0 87/4 27 40 09;
in der Saison tgl. 8–17, sonst 8–15 Uhr

SCHIFFSAUSFLÜGE
Im Sommer werden täglich Touren
nach Giżycko und Mikołajki durchge-
führt. Informationen und Buchung:
Żegluga Mazurska, ul. Portowa 4

Wigierski Park Narodo-
wy/Wigry-Nationalpark
···→ S. 113, E 11/12

Herzstück des Parks ist der Wigry-See,
einer von 25 miteinander verbundenen Seen. In seiner Mitte schwim-
men mehrere Inseln, in die Ufer
sind viele kleine Buchten gekerbt.
Der See wird von der Czarna Hańcza
durchflossen, dem nach der Krutynia
beliebtesten Paddelfluss Polens. Be-

MERIAN-Tipp

⑥ Segeltörn ab Sztynort

»Adieu Tristesse« heißt es im Yachthafen am Fuß des Geisterschlosses:
In der Taverne wird munter gezecht,
im Sommer sind die 500 Ankerplätze
bestens gebucht. Der Hafen gilt als
modernster Masurens, ein bedeutender Yachtcharter verleiht Boote auf
Tages- und Wochenbasis. Von Sztynort segelt man nord- oder südwärts
quer übers »masurische Meer«. Der
Hauptwasserweg Węgorzewo–Pisz
misst knapp 200 km, wobei aufgrund
der dominanten Westwinde kaum ge-
kreuzt werden muss.

Tiga Marina, Sztynort Duży, 11–620
Radzieje; Tel. 0 87/4 27 51 85,
Fax 4 27 51 36; www.tiga-yacht.com.pl
···→ S. 117, D 19

sonderen Reiz verleiht ihm das am
Nordufer thronende Barockkloster:
Von 1694 bis 1755 gehörte es den
Kamaldulensern, die einen extrem
asketischen Lebensstil pflegten.
94 km östlich von Giżycko

HOTELS/ANDERE UNTERKÜNFTE
Klasztor Kamedułów
Mönche gibt es zwar nicht mehr in Wigry, doch dafür darf man hier übernachten: im Kloster königlich, in den
16 Klausen asketisch. Das Restaurant bietet regionale Spezialitäten,
der hauseigene Bootsverleih ist ab
Mitte Mai geöffnet.
16-410 Wigry; Tel. 0 87/5 63 70 70,
Fax 5 63 70 19; www.wigry.org;
15 Zimmer ●● MASTER VISA 🐎

Wilczy Szaniec/
Wolfsschanze   ···→ S. 111, F 8

Die legendäre Wolfsschanze, heute
eine Landschaft zersprengter Bunker, liegt unweit der Ortschaft Gierłoż
(Görlitz), 10 km östlich von Kętrzyn.
Inmitten einer ausgedehnten Wald-
Sumpf-Landschaft befand sich hier
über drei Jahre (20. Juni 1941–20. Nov.
1944) die Schaltzentrale des Drit-
ten Reiches. Ein rot markierter Weg
lenkt die Besucher durch düsteres
Gelände mit 70 Betonobjekten, »von
außen einer altägyptischen Grabstel-
le ähnlich« (Albert Speer). Als der
Krieg nicht mehr zu gewinnen war,
suchte sich eine Gruppe von Offizie-
ren unter Leitung des Generals Claus
von Stauffenberg ihres Führers zu ent-
ledigen. Eine Tafel erinnert an das hier
verübte erfolglose Attentat (20. Juli
1944). Fünf Monate später verließ
Hitler die Wolfsschanze und zog sich
vor der näher rückenden Roten Armee
nach Berlin zurück. Bevor am 24. Januar 1945 die letzten deutschen Einheiten Gierłoż verließen, wurde der
Festungskomplex gesprengt.
Tgl. 9–18 Uhr, Rundgang ab 1 Std.
30 km westlich von Giżycko

Masurische Seenplatte: Der Süden

Rings um das »masurische Meer«: Johannisburger Heide, idyllische Dörfer und einsame Förstereien.

Südmasuren ist ein flaches Land. Auf den sandigen Böden wächst der größte Wald Masurens, die Johannisburger Heide mit 1000 Quadratkilometer Fläche.

Der Süden Masurens ist flacher, aber auch sandiger als der Norden und taugt nur wenig zur Landwirtschaft. Der preußische Adel war am Besitz hiesiger Ländereien kaum interessiert, und noch heute wirken die Ortschaften, sofern sie nicht vom Tourismus profitieren, eher bescheiden. Umso mehr treibt es Naturliebhaber in diese Region. Die Seen rund um Mikołajki sind ein Eldorado für Segler und Kanuten, am südlich gelegenen Masurischen Landschaftspark begeistern sich Radfahrer und Wanderer.

Mikołajki/Nikolaiken

4000 Einwohner ····> S. 117, F 17
Stadtplan → S. 71

Mit Mikołajki verbindet sich eine beliebte See-Legende: In den masurischen Gewässern tummelte sich ein gewaltiger Fisch, der die ausgelegten Netze mit seinen Flossen zerschnitt und die Fischer in Angst und Schrecken versetzte. Erst nach Jahren gelang es ihnen, den »Stinthengst« zu fassen. Den Tod vor Augen, versprach er ihnen, alle Wünsche zu erfüllen, sofern sie ihn nur wieder ins Wasser ließen. Masurische Fischer, listig und klug, befestigten ihn darauf an einer Kette, die von der Stadtbrücke in den See hinabgelassen wurde. Seit jener Zeit leben die Bürger von

Masurisches Venedig

Mikołajki in immerwährendem Wohlstand, so erzählt man sich wenigstens. Noch heute ist der Stinthengst unter der Brücke zu sehen, auf seinem bemoosten Haupt trägt er eine goldene Krone. Eine zweite Figur ziert den Brunnen auf dem belebten Marktplatz. Wer Ende Juni nach Mikołajki kommt, wird ein dreitägiges Fest erleben, bei dem man sich der Legende mit einem großen Spektakel erinnert.

In touristischen Werbebroschüren wird Mikołajki gerne mit der Lagunenstadt verglichen: Denn es ist von Wasser umgeben, zwei »masurische Meere« schließen es ein: der Mikołajskie-See im Süden, der Tałty-See im Norden, beide durch einen Kanal miteinander verbunden. Im Sommer scheint die Stadt mehr Boote als Autos zu haben, von der attraktiven Uferpromenade schaut man aufs Mastengewirr. Kein Wunder, dass Mikołajki das am meisten expandierende Ferienzentrum Masurens ist. Bevor zu Beginn der 1990er-Jahre der erste Hotelkomplex entstand, ging es ruhig und beschaulich zu, heute sollte man den Ort, um sich seiner Vorzüge zu erfreuen, in der Nebensaison besuchen. Die Gegend rund um den Marktplatz wurde erneuert, die Zahl der Unterkünfte wächst stetig. Von der Anlegestelle nahe dem alten Marktplatz starten Ausflugsdampfer nach Giżycko und Ruciane Nida. Ruderer, Kanuten und Segler stoßen südwärts über den Bełdany-See zum Nidzkie-See vor; nordwärts führt die Reise über den Niegocin- und Mamry-See bis Węgorzewo.

HOTELS/ANDERE UNTERKÜNFTE

Amax 🛏️🍴 ····> S. 71, b 3
Kleines Komforthotel am Westufer des Mikołajskie-Sees mit Blick auf die knapp 2 km entfernte Stadt. Die anglophilen Besitzer haben es im William-Morris-Stil eingerichtet, die Räume sind mit dicken Teppichen, Stichen und Stofftapeten ausgestattet. Familien quartieren sich gern in einem der sechs angegliederten Bungalows ein, wo sie über eine eigene Küche verfügen. Auch sie haben Zugang zu Hallenbad und Sauna, Fahrräder können ausgeliehen werden.
al. Spacerowa 7; Tel. 0 87/4 21 90 00, Fax 4 21 90 14; www.hotel-amax.pl; 24 Zimmer ●●● CREDIT 🐕

Gołębiewski 🛏️🍴 ····> S. 71, westl. a 2
Luxuriöses, aber architektonisch fantasieloses Vier-Sterne-Hotel am Süd-

rand des Tałty-Sees. Mit drei Restaurants und einer Ladenpassage, Nightclub und Disko, einem »Tropikana-Badeparadies«, Reitstall, Tennis und Squash, auch eine eigene Bootsanlegestelle ist vorhanden. Es werden Kutschfahrten und Hubschrauberrundflüge, im Winter auch Eissegeln organisiert. Kinder vergnügen sich im Miniklub.

ul. Mrągowska 34; Tel. 0 87/4 29 07 00, Fax 4 29 07 44; www.golebiewski.pl; 590 Zimmer ●●● CREDIT

Apartamenty Mikołajki ⸱⸱⸱⸱> S. 71, b 2
Die komfortablen, 40 bis 100 qm großen Apartments liegen zentral und verteilen sich über die stattlichen, in historisierendem Stil erbauten Fachwerkhäuser am Seeufer.

pl. Wolności 9; Tel. 0 87/4 21 61 71, Fax 42 15 39; www.mikołajki.com.pl ●●/●●● CREDIT

Caligula ⸱⸱⸱⸱> S. 71, b 2
Kleines, gemütliches Hotel im Stadtzentrum, benannt nach einem legendären Eissegelboot. Herr Zakrzewski, der Pensionsbesitzer, ist passionierter Eissegler und steht allen, die diesen Sport erlernen wollen, mit Rat und Tat zur Seite. Die Zimmer sind mit Sat-TV und Internet-Zugang ausgestattet. Ist alles belegt, hat Herr Zakrzewski gewiss noch Betten in seiner Pension Relax frei.

pl. Handlowy; Tel./Fax 0 87/4 21 69 25; www.mikolajki.of.pl; 16 Zimmer ●●

Mazur ⸱⸱⸱⸱> S. 71, b 2
Das mit hellen Holzmöbeln schön eingerichtete Hotel liegt am zentralen Marktplatz, am Freitag- und Samstagabend könnte es daher etwas laut werden.

pl. Wolności 6; Tel. 0 87/4 21 69 41, Fax 4 21 69 43; www.hotelmazur.com.pl; 32 Zimmer ●● MASTER VISA 🐕

Mikołajki ⸱⸱⸱⸱> S. 71, b 2–3
Pension in zentraler Lage 30 m vom Ufer des Mikołajskie-Sees. Fast alle

Zimmer mit Seeblick und Balkon, gute Hausmannskost. Mit dem Besitzer können Sie sich auf Deutsch verständigen. Verleih von Fahrrädern, Ruder- und Paddelbooten, umzäunter Parkplatz.

ul. Kajki 18; Tel. 0 87/4 21 64 37, Fax 4 21 68 75; www.pensjonat-mikolajki.prv.pl; 10 Zimmer ●● MASTER VISA 🐕

Parafia Ewangelicka-Augsburgska Św. Trójci ⸱⸱⸱⸱> S. 71, b 1
Wenn im Gästehaus der evangelischen Gemeinde noch Platz ist, sind auch Urlauber willkommen. Ruhige Zimmer mit Bad.

pl. Kościelny 5; Tel. 0 87/4 21 68 11, Fax 4 21 66 64; www.luteranie.pl/ mikolajki; 24 Zimmer ●●

Prohibicja ⸱⸱⸱⸱> S. 71, b 2
2004 eröffnetes Minihotel im Ortszentrum mit freundlich-funktionalen Zimmern, die über Bad und Sat-TV verfügen. Es gehört zu »Prohibicja«, einer von bekannten Schauspielern geführten Gastro-Kette.

pl. Handlowy 13; Tel. 0 87/4 21 99 19; 7 Zimmer ●● CREDIT 🐕

SPAZIERGANG

Schmuckstück des Städtchens ist die kürzlich restaurierte **Evangelische Kirche** von 1842. Sie wurde nach einem Entwurf von Karl Friedrich Schinkel erbaut und ist heute Treffpunkt der evangelischen Gemeinde sowie Reformationszentrum. Die Schatzkammer birgt Gemälde und Messkelche aus dem 18. Jh. Nur wenige Schritte entfernt befindet sich der zentrale Busterminal. Man überquert die Kolejowa, die links zum Bahnhof, rechts zum Hotel Gołębiewski führt, und gelangt über die Straße des 3. Mai (mit Post und Telegrafenamt) zum **Marktplatz**, der heute »Freiheitsplatz« (poln. Wolności) heißt. In seiner Mitte steht ein Brunnen mit Stinthengstskulptur, umrahmt wird der Platz von einem Hotel, Läden und Cafés.

Vom Marktplatz führt die Hauptstraße des Ortes, die nach dem polnischen Heimatdichter benannte ul. Kajki, zur Pension Mikołajki gegenüber der katholischen **Pfarrkirche**. Über den Parkplatz der Pension geht man zum See hinab und läuft entlang der Uferpromenade zum **Hafen**. Dabei kommt man an mehreren Tavernen vorbei, Treffpunkt von Seglern, Fischern und Touristen. Am schönsten ist der nördliche Abschnitt der Promenade, der zur Jahrtausendwende generalüberholt wurde: Neue, im Fachwerkstil erbaute Häuser mit tief herabgezogenem Satteldach sind ein schickes Sommerquartier für die Elite der Neureichen. Noch vor der ersten Brücke schwenkt man rechts ein und kehrt zum Platz im Ortszentrum zurück.
Dauer: 1 Stunde

MUSEUM

Reformationsmuseum/ Muzeum Reformacji i Polskiej

Wichtigstes Ausstellungsstück der masurischen Sammlung ist die »Polnische Bibel« (Biblia Polska), 1726 in Magdeburg herausgegeben. Der zu Beginn des 20. Jh. erbaute Gebäudekomplex beherbergt außerdem das Städtische Kulturzentrum sowie ein privates Lyzeum, das nach der im Jahr 2002 verstorbenen, aus Ostpreußen stammenden Publizistin Marion Gräfin Dönhoff benannt wurde.
ul. Kolejowa 6; Di–So 10–17 Uhr

ESSEN UND TRINKEN

Mazur ⋯⋯⟶ S. 71, b 2
Stilvolles Hotelrestaurant mit gepflegter Küche und masurischer Kost.
pl. Wolności 6; Tel. 0 87/4 21 69 41 ●●
MASTER VISA

Im Sommerhalbjahr verströmt die am Wasser gelegene Kleinstadt Mikolajki südländisches Flair mit ihren vielen Brücken und dem lebhaften Markt.

Król Sielaw ⤳ S. 71, b 2
Das rustikale Lokal liegt mitten im Ort und ist seit Jahren eine verlässliche Adresse für Fischgerichte aller Art, zur Jagdzeit wird auch Wild serviert. Oberhalb des Lokals werden Zimmer vermietet.
ul. Kajki 5; Tel. 0 87/4 21 63 23 ●●

Kino Quick Wojtek ⤳ S. 71, b 2
Beliebtes Café am Marktplatz, man kann hier auch schmackhafte kleine Gerichte bestellen.
pl. Wolności 10; Tel. 0 87/4 21 61 60
● MASTER VISA

EINKAUFEN
In der ul. Kajki gibt es mehrere Bernsteinläden, die einen Besuch lohnen.

AM ABEND
In den Kneipen der Uferpromenade werden – teils geplant, teils spontan – Shanty-Gesänge angestimmt. In der Bar Prohibicja (pl. Handlowy 13) ist World Music angesagt, manchmal auch Gitarren-Rock und Jazz. Wer abends lieber Orgelmusik hört, erkundigt sich in der Evangelisch-Augs-

burgischen Kirche nach dem nächsten Konzerttermin.

SERVICE
Auskunft ⤳ S. 71, b 2
Informacja Turystyczna
Das Touristeninformationsbüro ist nur während der Saison geöffnet. Man bekommt hier Infos zu Kulturveranstaltungen und Ausflugszielen in der näheren Umgebung.
pl. Wolności 3, 11–730 Mikołajki;
Tel. 0 87/4 21 68 50; www.mikolajki.pl;
tgl. 9–18 Uhr

Bootsverleih ⤳ S. 71, b 2
Im »Seglerdorf« am Hafen besteht die Möglichkeit Kanus, Ruder- und Segelboote zu mieten.
Wioska Żeglarska, ul. Kowalska 3

Fahrradverleih ⤳ S. 71, westl. a 2
Die beste Auswahl an Rädern gibt es im Hotel Gołębiewski (HOTELS/ANDERE UNTERKÜNFTE, → S. 69).

Schiffsausflüge ⤳ S. 71, b 2
Schiffe der Weißen Flotte laden von Mitte April bis Oktober täglich zu Aus-

flügen ein. Von der Anlegestelle an der Fußgängerbrücke geht es nach Ruciane-Nida, Giżycko, Ryn und Węgorzewo.

Przystań Żeglugi Pasażerskiej

Verkehrsverbindungen

Mit dem Bus kommt man über Land meist besser und schneller voran als mit dem Zug. Der Busterminal liegt zentral neben der evangelischen Kirche und bietet gute Verbindungen nach Mrągowo und Olsztyn, Kętrzyn und Giżycko.

Ziele in der Umgebung

Ełk/Lyck ····⟩ S. 118, C 21

Geburtsort des Schriftstellers Siegfried Lenz (1926), doch Erinnerungen an das von ihm beschworene Idyll wollen sich heute nicht mehr einstellen, auch nicht am Wasserturm von 1895, dem Sitz der deutschen Minderheit (ul. 11 Listopada s/n). Die Stadt ist mittlerweile auf 57 000 Einwohner angewachsen, graue Wohneinheiten prägen das Bild. Ein Refugium bietet die Uferpromenade, auf der man von der backsteinernen Johanniskirche zum neugotischen Ciśnieńturm spazieren kann. Schön ist auch die vorgelagerte, über die Schlossbrücke erreichbare Insel, wo zur Zeit die alte Ordensburg erneuert wird.

Eine nostalgische Dampflok erinnert dagegen noch heute an längst vergangene Zeiten und tuckert während der Saison über Turowo nordostwärts nach Sypitki. Für die 35 km lange Strecke braucht die »Kleinbahn namens Popp« (Lenz) ganze zwei Stunden. Infos zum Fahrplan bzw. zu der aus Kostengründen zu erwartenden Streckenkürzung erhält man am Bahnhof Ełk Wąskotorowy, der Schmalspurstation am Hauptbahnhof.

58 km östlich von Mikołajki

MERIAN-Tipp

⑦ Birdwatching am polnischen Amazonas

Wenn im Frühjahr die Biebrza über die Ufer tritt und die Wiesen in ein riesiges Überschwemmungsgebiet verwandelt, kommen tausende von Zugvögeln, darunter Exoten wie Schwarzstorch, Singschwan und Seggenrohrsänger, Kampfläufer und Wachtelkönig. Ein besonderes Schauspiel bietet alljährlich der »Tanz der Kraniche« und die »Balz der Birkhühner«. Die Direktion des Nationalparks in Goniądz, 50 km südöstlich von Ełk, bietet englischsprachige Touren, vermietet Gästezimmer und Boote (ul. Wojska Polskiego 72; 19–110 Goniądz; Tel. 0 86/2 72 06 20, Fax 2 72 06 21; www.biebrza.org.pl).

····⟩ S. 119, D 22

Horeka

Fachwerkhaus an der schönem Uferpromenade mit guter polnischer Küche und Gartenterrasse.

ul. Wojska Polskiego 63; Tel./Fax 0 87/ 6 21 37 67; www.horeka.elk.pl; 29 Zimmer ●● MASTER VISA 🐎

Iznota/Isnothen
····⟩ S. 117, F 18

Malerisch liegt der Ort am Bełdany-See. Das vom Warschauer Arzt Cezary Kubacki hier erbaute Anwesen ist eine Huldigung an den ostbaltischen Stamm der Galinder, der im 14. Jh. von deutschen Ordensrittern »befriedet« wurde. Außer ein paar Flurnamen und Gräberfeldern ist nichts von ihrer Kultur übrig geblieben. In Baumstämme gehauene Krieger mit Keule säumen die zur Holzfestung führende Piste, wo Herr Kubacki alias Fürst Izegus II. die Gäste begrüßt.

14 km südlich von Mikołajki

MERIAN-Tipp

⭐ 8 Galindia Mazurski Eden 🏃‍♀️🏃

Das Hotel, eine von den Urbewohnern inspirierte Festung aus Holz und Stein, liegt direkt am See und von Wald umgeben. Fahrräder, Boote, Surfbretter und Angelutensilien sind ausleihbar, im Restaurant stärkt man sich bei regionaler und auch vegetarischer Kost. Die Ferienanlage (nebst gut ausgestattetem Campingplatz) ist über die nach Ukta führende Straße erreichbar, hinter Bobrówka links abzweigen!

Iznota-Bartlewo 1; Tel. 0 90/50 82 35, Tel/Fax 0 87/4 23 14 16; www.galindia.com.pl; 45 Zimmer
●●● VISA 🐾   ⤳ S. 117, F 18

Jezioro Łuknajno
⤳ S. 117, F 17

Kreisrunder See mit einer großen Kolonie von Wildschwänen, von der UNESCO zum Biosphärenreservat erklärt. Brutzeit der ca. 1300 Schwäne sind die Monate April und Mai. Die Tiere kann man von mehreren Hochsitzen beobachten.

5 km östlich von Mikołajki

Kadzidłowo/ Einsiedeln 🏃‍♀️🏃
⤳ S. 117, F 18

Der private Wildpark von Kadzidłowo wurde 4 km nördlich von Ukta eingerichtet. Außer Rehen und Hirschen kann man hier Elch, Biber und Fischotter bestaunen, als besondere Attraktion auch Tarpanpferde. Zum Park gehört auch der »Gasthof, wo der Hund begraben ist« (Oberza pod Psem), wo man Salat mit Ziegenkäse, leckere Pilze und Piroggen essen kann (tgl. 10–18 Uhr).

13 km südwestlich von Mikołajki

Kosewo/Rechenberg
⤳ S. 117, F 17

Der Ort liegt an der Straße nach Mrągowo und ist von drei glasklaren Seen eingerahmt. Am südlich gelegenen Kuc-See befindet sich eine Hirschfarm mit kleinem Museum (Di–So 10–17 Uhr). In dem 200 ha großen Gehege sieht man vor allem Dam- und Rothirsche.

15 km westlich von Mikołajki

Krutyń/Krutinnen
⤳ S. 117, F 18

Beliebter Ferienort mit Holzhäusern, zugleich ein malerischer Zwischenstopp für Kanuten (→ Routen und Touren, S. 85). An mehreren Anlegestellen warten Gondolieri auf ihre Kunden, um sie auf dem glasklaren Fluss, vorbei an Schlingpflanzen und Baumstämmen, zum Mokre-See zu staken. Wer selber paddeln oder rudern möchte, kann Boote bei Frau Nosek in der Pension Habenda mieten und sich per Kleinbus am gewünschten Zielort abholen lassen.

Im Gebäude des masurischen Landschaftsparks befindet sich das Naturkundemuseum (Muzeum Przyrodnicze; Mo–Fr 8–15 Uhr), man bekommt hier auch Faltblätter zu den neu angelegten Naturlehrpfaden. Besonders schön ist die 6 km lange, gelb markierte Rundtour zum Mokre-See mit seinen schwimmenden Inseln. Auf dem Platz neben dem Museum wird vormittags ein kleiner Markt abgehalten (Mo–Fr ab 8 Uhr).

22 km südwestlich von Mikołajki

HOTELS/ANDERE UNTERKÜNFTE
Pension Habenda 🏃‍♀️🏃
Die von der deutschstämmigen Brigitta Nosek geleitete Pension ist wärmstens zu empfehlen. Freundliche Zimmer mit Bad, dazu ein großer Aufenthaltsraum mit Kamin, in dem man auch frühstückt und zu Abend isst.

Fahrräder und Boote sind ausleihbar, der Parkplatz ist bewacht.
Krutyń 42; Tel./Fax 0 89/7 42 12 18; www.habenda.com; 25 Zimmer ●●

ESSEN UND TRINKEN
Karczma Zacisze
Lokal im Fachwerkhaus der Dorffeuerwehr mit Blick auf den Fluss. Sehr gute Suppen, Zander und Maräne.
Krutyń 33; Tel. 0 89/7 42 21 50 ●

Mrągowo/Sensburg
⤳ S. 117, E 17

Die 20 000 Einwohner zählende Stadt liegt attraktiv zwischen dem Czos- und dem Juno-See und ist ein guter Ausgangspunkt für Touren in die Umgebung. Empfehlenswert ist ein Bummel durch die Altstadt, viele Häuser der Jahrhundertwende sind denkmalgeschützt und säumen kopfsteingepflasterte Straßen. Das 1824 in Seenähe erbaute Rathaus beherbergt heute ein Regionalmuseum, in einem Seitentrakt wird des Dichters Ernst Wiechert gedacht (ul. Ratuszowa 5; Mo–Fr 10–16 Uhr). Im Reisebüro gleich um die Ecke ist man bei der Zimmerreservierung behilflich.

Höhepunkt des städtischen Kulturlebens ist das Picnic Country Festival, zu dem alljährlich im Juli Fans aus ganz Polen eintreffen, darunter viele Cowboys und Harley-Davidson-Freaks. Countrymusic ist eine Woche lang Trumpf, im Amphitheater am Czos-See wird Johnny Cash imitiert.
22 km westlich von Mikołajki

HOTELS/ANDERE UNTERKÜNFTE
Mercure Mrongovia
Mächtiges Komforthotel auf einem Hügel am Czos-See mit großem Sportangebot (Tennis, Squash, Reiten und Fahrradverleih) sowie einem umfangreichen Wellness-Programm.
ul. Giżycka 6; Tel. 0 89/7 41 32 21, Fax 7 41 32 20; www.mrongovia.pl; 215 Zimmer ●●● CREDIT 🐾

ESSEN UND TRINKEN
Stara Chata
In der »alten Hütte« gibt es typisch Masurisches, Pilzgerichte und Forelle vom Grill.
ul. Warszawska 9-B; Tel. 0 89/7 41 45 02 ●●

Piecki/Peitschendorf
⤳ S. 117, E 18

2 km östlich von Piecki, an der Straße nach Lipowo, befindet sich zur Rechten das rot geziegelte Forsthaus

Zu den Höhepunkten einer Masurenreise gehört die Kanufahrt auf der Krutynia mit ihrem kristallklaren Wasser und reizvollen Lichtverhältnissen.

Im Rathaus von Pisz, Johannisburg, ist ein Heimatmuseum untergebracht.

Piersławek (Kleinort), in dem am 18. Mai 1897 der Dichter Ernst Wiechert geboren wurde. Bis 1930 lebte er in dem Haus, das heute als Museum zugänglich ist und an das Leben des »Gegners des Faschismus und ehemaligen Häftlings von Buchenwald«, so eine Inschrift rechts vom Eingang, erinnert. Sein letzter, 1947 erschienener Roman »Die Jerominkinder« ist ein Lobgesang auf den masurischen Menschen und die Johannisburger Heide (Izba Pamięci Ernesta Wiecherta; in der Saison Mo–Sa 9–17, sonst 10–14 Uhr).
20 km südwestlich von Mikołajki

Pisz/Johannisburg
 S. 118, A 22

1946 erhielt die Stadt ihren pruzzischen Namen zurück. Pissa bedeutet »Sumpf«, eine Anspielung auf feuchte Wiesen und Seengebiete im Umkreis der Stadt. Über den Jegliński-Kanal ist der Ort mit dem Seksty-See, einer Ausbuchtung des Śniardwy-Sees, verknüpft. Hübsch ist der Markt-platz mit Bürgerhäusern und Rathaus. An seiner Rückseite befindet sich ein Naturkundemuseum (Muzeum Przyrodnicze, ul. Daszyńskiego 36; Di–So 10–15 Uhr). Im Museum erhält man eine Einführung in die Flora und Fauna der Johannisburger Heide (**Puszcza Piska**), eines fast 1000 qkm großen Waldgebiets südlich Mikołajki. Der Nidzkie-See durchschneidet die Heide in weitem Bogen. Mit seinen bewaldeten Ufern, romantischen Buchten und Inseln ist er einer der schönsten der Region. Der beste Blick auf den See bietet sich südlich von Wiartel, einsame Biwakplätze befinden sich an seinem Ostufer.
38 km südöstlich von Mikołajki

HOTELS/ANDERE UNTERKÜNFTE
Joseph Conrad
Auf das Erleben kommt es an – und darum trägt die Pension am Ufer der Roś-Sees, 20 Gehminuten vom Ort entfernt, den Namen des polnisch-britischen Romanciers und Abenteurers. Marek Łachacz verleiht Kajaks, Kanus und Räder, man kann an geführten Radwanderwochen teilnehmen und den Segelschein erwerben. Es gibt familienfreundliche Dreibettzimmer; am hauseigenen Strand werden abends gern Spanferkel gegrillt.
Jezioro Roś; Tel. 0 87/4 23 44 63, Fax 4 23 04 59; www.radreisen-masuren.de; 9 Zimmer ●●

Ruciane Nida/ S. 117, F 18
Rudschanny Nieder

Guter Ausgangspunkt für die Erkundung des Masurischen Landschaftsparks. Die beiden Ortsteile Ruciane und Nida sind durch die al. Wczasów miteinander verknüpft. Nida, eine eher unattraktive Siedlung, liegt am Westufer des Nidzkie-Sees, Ruciane, 2 km nordöstlich, öffnet sich zum Guzianka-Wielka-See und ist von den Wäldern der Johannisburger Heide umgeben. Lohnend ist der Ausflug per Schiff nach Mikołajki. Nach dem Einschleusen bei Guzianka verläuft die Fahrt auf dem 2 m tieferen Bełdany-See. Man durchfährt 14 km lange, rinnenartige Gewässer und kann in Kamień und Wierzba aussteigen.

22 km südlich von Mikołajki

HOTELS/ANDERE UNTERKÜNFTE
Guzianka 👫

Attraktive Ferienanlage am Bełdany-See mit Tennisplatz, Bootsverleih und bewachtem Parkplatz. Familien quartieren sich gern in einem der 26 angeschlossenen Ferienhäuser ein.

ul. Guzianka 6; Tel. 0 87/4 23 11 38;
35 Zimmer ●●

ESSEN UND TRINKEN
Kolorada

Leckere Kartoffelpuffer, Fischsuppe und Schleie in Zwiebelsahnesoße.

ul. Dworcowa 6; Tel. 0 87/4 23 65 31
●● MASTER VISA

Ryn/Rhein   ---> S. 117, F 17

Ruhiger Ort auf einer Landzunge zwischen dem Ryńskie- und dem kleineren Ołów-See. Die Deutsche Ordensburg (1377) diente in den letzten Kriegsjahren als Gefängnis für Juden und politische Häftlinge, heute befindet sich in ihr das Regionalmuseum (pl. Wolności 2; Di–So 9–16 Uhr). Eine 16 km lange Wanderroute führt von Ryn über die Dörfer Wejdyki, Krzyżany und Głabowo zurück zum Ausgangsort.

18 km nördlich von Mikołajki

Sądry/Zondern   ---> S. 117, F 17

Das Dorf auf halbem Weg zwischen Ryn und Mrągowo hat eine besondere Attraktion: Frau Christel, die stolz ihr »Masurisches Museum« präsentiert und ihre Gäste mit Hefe- und Streuselkuchen bewirtet, den man am besten mit hochprozentigem »Bärenfang« hinunterspült.

25 km nordwestlich von Mikołajki

HOTELS/ANDERE UNTERKÜNFTE
Christel

Eine sehr gute Adresse für »Ferien auf dem Bauernhof«: Fast alles, was auf den Tisch kommt, stammt vom eigenen Hof, aus dem Stall blinzeln Kühe und Schweine. Die Gästezimmer befinden sich im Obergeschoss, unten wird gegessen. Frau Dickti kocht masurisch: Königsberger Klopse werden hier noch mit Holzlöffel gegessen, man serviert gedämpftes Sauerkraut mit gehacktem Fleisch, hausgemachte Pastete. Fast immer steht ein frischer Streuselkuchen bereit. Die Pension verfügt über einen riesigen Garten, in wenigen Minuten läuft man zum See hinunter.

Sądry 3, 11–704 Użranki;
Tel./Fax 0 89/7 42 36 11; **15 Zimmer** ●●

MERIAN-Tipp

9 ⭐ Museum Sądry

Familie Dickti lebt seit 200 Jahren in Sądry und hat Kurioses zusammengetragen. »Was Sie hier sehen, ist ein ›Museum der Kindheit‹«, sagt Christel Dickti, die heutige Besitzerin. In der alten Kate, in der schon die Eltern, Groß- und Urgroßeltern lebten, sind viele Familienstücke liebevoll arrangiert, ergänzt um Geschenke und Leihgaben der Nachbarn: ein mit Gänsefedern hoch getürmtes Ehebett, eine Holzwiege, in die bestenfalls ein Winzling passt, Jesusbilder mit blutendem Herz und Heiligenschein und überall Spitzendeckchen. Gern führt Frau Christel ihre Gäste auch in die alte Scheune, wo »Schweinedämpfer« und »Hungerharken« sowie andere Landwirtschaftsgeräte aus dem vorindustriellen Zeitalter stehen.

Muzeum Mazurski, Sądry 3;
tgl. 10–18 Uhr   ---> S. 117, F 17

In Masuren gehören Weißstörche, die die Nähe der Menschen nicht scheuen, zu beinahe jedem Dorf.

Sorkwity/Sorquitten
····⟶ S. 117, E 17

Startpunkt der beliebten Krutynia-Kanuroute (→ Routen und Touren, S. 85), vor allem im Juli und August Treffpunkt von Wassersportlern aus ganz Europa. Neben der PTTK-Bootsstation befindet sich das Schloss Sorkwity, ein ehemaliges Herrenhaus, das die Aristokratenfamilie von Mirbach um die Mitte des 19. Jh. in anglisierendem Stil umgestalten ließ. Der Palast liegt am Lampacki-See inmitten eines riesigen Landschaftsparks mit vielen Eichen, Lärchen und Goldfruchtbäumen. Sehenswert ist auch die strahlend weiße Kirche aus dem 16. Jh., das religiöse Zentrum der protestantischen Minderheit Masurens (Kościół Ewangelicki), ul. Plażowa s/n). Wer sich im gegenüber liegenden Pfarrhaus von Pastor Mutschmann und seiner Frau Hanna den Schlüssel geben lässt, kann die volkstümliche Inneneinrichtung der Kirche bewundern: Das Taufbecken wird von einem herabschwebenden Engel gehalten, an der Decke baumeln die hölzernen Beine Christi, während sein Oberkörper bereits von einer Wolke eingehüllt ist. Die Pastorenfamilie vermietet auch mehrere hübsche Apartments.

34 km westlich von Mikołajki

Ukta
····⟶ S. 117, F 18

Das Dorf am Schnittpunkt der Straßen 609 und 610 ist von Mikołajki und Ruciane-Nida leicht zu erreichen. An der Brücke in der Ortsmitte kann man am Fluss picknicken und den Anblick vorbeiziehender Kanuten genießen. 2 km westlich des Ortes, an der Straße nach Mrągowo, befindet sich das Gestüt Ferenstein, eines der größten Reitzentren der Johannisburger Heide mit mehr als 60 verschiedenrassigen Pferden. Angeboten werden Ausritte und Kutschfahrten, Kinder können Reitunterricht auf kleinen Huzulen nehmen (Gałkowo 45). Ein hübscher Spazierweg führt vom Ge-

MERIAN-Tipp

10 Tarpan- und Biberzucht

Im Gut Popielno unterhält die Polnische Akademie der Wissenschaften eine Tierzucht- und Forschungsstation. In den Stallungen werden über 100 Tarpanpferde gehalten, rückgezüchtete asiatische Wildpferde. Sie sind von kleiner Statur, doch äußerst kräftig, ihr Fell hat eine graue Farbe. Einst zogen sie von den Wäldern Masurens bis nach Russland, ihre widerstandsfähige Natur vermochte selbst den Unbilden des östlichen Winters zu trotzen. Im Zweiten Weltkrieg wurden die Tarpanpferde fast ausgerottet, heute versucht man ihren Bestand durch aufwendige Kreuzungsprozeduren zu vergrößern. Außerdem werden auf der Station Biber, Hirsche und Wisente sowie eine besonders genügsame Rinderrasse gezüchtet.

Stacja badawcza PAN, Popielno; Tel. 0 87/4 23 15 19; Mo–Fr 10–13, Sa–So 11–14 Uhr; Führungen in deutscher Sprache nach Anmeldung

····⟶ S. 117, F 18

stüt über den Reitgasthof U Targowiczan nach Krutyń.

17 km südlich von Mikołajki

Knajpa u Targowiczan
Die »Kneipe der Verschwörer von Tar-
gowice« liegt in Gałkowo auf halber
Strecke zwischen Ukta und Krutyń.
Der ironische, auf einen Adelsauf-
stand anspielende Name lockt ein
munteres, unkonventionelles Völkchen an. Das Lokal im Ferenstein-Ge-
stüt gibt sich denn auch locker und
rustikal. Man sitzt auf langen Holz-
bänken am Kamin (oder im schönen
Garten) und genießt fantasievoll ab-
gewandelte polnische Landküche;
besonders gut schmecken Wildge-
richte.

Gałkowo s/n; Tel. 0 87/4 25 70 73;
www.galkowo.pl; Juli–Aug. tgl.,
sonst nur am Wochenende geöffnet ●●

Wierzba　·····⟩ S. 117, F 17

Kleiner Ort auf der waldreichen Landzunge zwischen dem Śniardwy- und
dem Bełdany-See. In den Sommermo-
naten ist Wierzba durch eine Auto-
fähre mit dem gegenüberliegenden
Ufer verbunden. Von der Anlegestelle ist es nicht weit bis zur Forschungsstation auf dem Gut Popielno.

6 km südöstlich von Mikołajki

Wojnowo/Eckertsdorf
·····⟩ S. 117, F 18

In dem idyllischen Dorf an der Straße
Ruciane-Babięta gibt es Ungewöhn-
liches zu sehen: ein Dutzend kleiner
Holzhäuser, einen Friedhof mit kyril-
lisch beschrifteten Gräbern sowie
eine russisch-orthodoxe Kirche mit
Zwiebeltürmchen (Biały Kościół). Die
größte Attraktion aber ist das Nonnenkloster der Philipponen. Es **8**
liegt malerisch am Ufer des Duś-Sees
(südlich des Dorfes) und ist über
einen Feldweg erreichbar. Die russische, nach ihrem Anführer benannte
Glaubenssekte musste 1829 aus dem
Wolgagebiet emigrieren, weil sie sich
weigerte, der zaristischen Kirchenre-
form zuzustimmen. Ihre Wahlheimat
wurde das preußische Masuren, wo
man für die Urbarmachung der »Johannisburger Wildnis« Arbeitskräfte
benötigte. Fleiß und Askese war die
Devise der altgläubigen Philipponen;
sie rauchten und sie tranken nicht,
widmeten ihr Leben der Arbeit – und
so waren sie gern gesehene Frem-
de. Heute lebt nur noch eine ältere
Nonne im Kloster und bewahrt das
Erbe ihrer Vorfahren. Krzysztof Ludwi-
kowski, der Küster, spricht Deutsch
und führt die Besucher gerne herum
(Klasztor Św. Trójcy i Zbawiciela; tgl.
9–18 Uhr).

18 km südwestlich von Mikołajki

*Wojnowo war mit seinem Kloster und der Dreifaltigkeitskirche ein religiöses Zentrum
der russischen Altgläubigen.*

Routen und Touren

Die Krutynia-Region ist nicht nur zu Wasser ausgesprochen reizvoll, sie lädt mit ihren Alleen und romantischen Waldwegen auch zum Wandern ein.

Ob mit Auto, Rad oder Boot – Masurens Schönheit erschließt sich nur dem, der die Städte
verlässt und aufbricht, die »dunklen Wälder
und kristallenen Seen« zu erkunden.

Einmal rund um die Großen Seen – Mit dem Auto quer durch Masuren

Charakteristik: Bei dieser schönen Rundfahrt lernt man Masurens wichtigste Sehenswürdigkeiten kennen, darunter Schlösser, Barockkirchen, Ordensburgen und die »Wolfsschanze«. Weite Strecken führen am Seeufer vorbei – immer wieder bietet sich daher die Möglichkeit, eine Badepause einzulegen; **Dauer:** mindestens 2 Tage; **Länge:** 295 km; **Einkehrmöglichkeiten:** In allen größeren Orten findet man Kost & Logis, stilvoll übernachtet man in den Schlossunterkünften von Sorkwity, im Hotel Amax in Mikołajki, in Święta Lipka und in der Burg von Reszel; **Auskunft:** Infostellen gibt es in Olsztyn, Mikołajki, Giżycko und Węgorzewo; **Karte:** ····ʒ Umschlagkarte vorne

Die lebhafte Stadt Olsztyn, erreichbar über Toruń oder Gdańsk, ist sozusagen das Eingangstor zu Masuren. Sehenswert ist die vorbildlich restaurierte Altstadt.

Olsztyn ····ʒ Mikołajki

Nach der Altstadtbesichtigung geht es weiter in Richtung Mrągowo, unterwegs empfiehlt sich eine Rast in Sorkwity: Am neugotischen Schloss, in dem man auch übernachten kann, starten Kanufahrer zur überaus beliebten Krutynia-Route. Hinter **Mrągowo** wird die Landschaft buckliger, südlich der Straße liegt der Masurische Landschaftspark. In **Mikołajki**, einem Hafenstädtchen mit maritimem Flair, lohnt ein längerer Aufenthalt: Man bummelt über die attraktive Uferpromenade mit Yachthafen und stärkt sich danach in einem der Fischlokale. Wer etwas länger bleiben möchte, unternimmt Ausflüge in den Landschaftspark, besucht das »masurische Eden« und das Altgläubigenkloster Wojnowo, den Tierpark Kadzidłowo und die Zuchtstation auf der Halbinsel Popielno (→ Routen und Touren, S. 88).

Mikołajki ····ʒ Sztynort

Von Mikołajki geht es weiter nach **Ryn** mit einer Deutschordensburg, die nur während der sommerlichen Ritterfestspiele zu Leben erwacht. Nach weiteren 20 km kommt man in das zwischen zwei masurischen »Meeren« gelegene **Giżycko**, den Hauptort des nördlichen Masuren. Anschließend führt die Straße über Pozedrze und Ogonki nach **Węgorzewo**, wo die Straße westwärts einknickt und fortan dicht am Seeufer entlang führt. Hinter dem Weiler Przystań, am sumpfigen Ufer des Mauersees, verbergen sich mehrere vom Efeu überwucherte Bunker aus nationalsozialistischer Zeit.

Sztynort ····ʒ Olsztyn

Ein Stück weiter südlich, in Kamionek Wielki, lohnt ein Abstecher nach **Sztynort**: Über eine Allee jahrhundertealter Eichen erreicht man die Ruine des Lehndorffschen Schlosses auf einer Landenge zwischen Mauer- und Dargeinsee. Sein letzter Schlossherr war Graf von Lehndorff, der für seine Beteiligung am Hitler-Attentat 1944 in Berlin-Plötzensee hingerichtet wurde. Das Attentat fand in der **Wolfsschanze** statt, einer Bunkerstadt 15 km südwestlich von Kamionek Wielki, die von 1941 bis 1944 Hitlers Hauptquartier war. Über die alte Ordensstadt **Kętrzyn** erreicht man den Wallfahrtsort **Święta Lipka** mit der vielleicht schönsten Barockkirche Nordpolens. **Reszel**, das über einen intakten mittelalterlichen Stadtkern verfügt, ist die letzte Station vor **Lidzbark Warmiński**, einer malerisch gelegenen Stadt mit berühmtem Bischofsschloss. Über **Dobre Miasto** kehren Sie anschließend wieder nach **Olsztyn** zurück.

Festungsstädte entlang der Weichsel – Backsteinburgen an Polens längstem Fluss

Charakteristik: Über fruchtbares, sattgrünes Weichselschwemmland erreicht man die mächtigsten Burgen des Deutschen Ordens. Am Ende der Tour liegt das mittelalterliche Toruń, eine der schönsten Städte Polens und UNESCO-Weltkulturerbe; **Dauer:** 2 Tage; **Länge:** 190 km; **Einkehrmöglichkeiten:** Gute Hotels und Restaurants gibt es in Danzig, Malbork und Toruń; **Auskunft:** Infostellen nur am Ausgangs- und Endpunkt der Tour; **Karte:** ⇢ Umschlagkarte vorne

Die Tour führt von Danzig an der Ostseeküste ins Kernland des Deutschen Ordens mit seinen Burgen, Klöstern und Kirchen.

Danzig ⇢ Malbork

Von der Nationalstraße E-77 biegen Sie nach 38 km kurz hinter Tczew in die Straße nach Malbork ein – in der Ferne können Sie die kolossalen, fast 1 km langen Zug- und Fußgängerbrücken sehen, die sich über das breite Bett der Weichsel spannen. **Malbork**, von 1309 bis 1454 Ordenshauptstadt, ist ein eigenen Tagesausflug wert (→ S. 46): Die über die Nogat thronende, vorbildlich restaurierte Festung war zu ihrer Entstehungszeit die größte Europas.

Das lebhafte Universitätsstädchen Toruń ist architektonisch wie atmosphärisch einen Abstecher wert.

Malbork ⇢ Grudziądz

Weiter südlich geht es durch Weichselschwemmland, fruchtbares landwirtschaftliches Gebiet. Über einen kurzen Zwischenstopp in der Burgstadt **Sztum** erreicht man **Kwidzyn** mit der nach Malbork zweitwichtigsten Festung des Ordensstaates. Die etwas düstere Kathedrale am Steilufer der Weichsel wartet mit schönen Mosaiken auf, die Burg beherbergt ein Museum. In **Grudziądz** hinterließ der Orden eine Stadt mit Marktplatz und gotischen Häusern, gesichert durch einen Wall aus festungsartigen Speichern und Toren. Aus polnischer Zeit stammt das Kloster der Benediktinerinnen.

Grudziądz ⇢ Toruń

Chełmno, die nächste Station auf dem Weg Richtung Süden, war erster Besitz des Deutschen Ordens auf polnischem Boden und sollte eigentlich seine Hauptstadt werden: Herzog Konrad von Masowien übergab sie den Rittern 1225, damit sie von hier aus die heidnischen Pruzzen »befrieden«. Chełmno, die Stadt der Türme und Kirchen, thront gebieterisch auf einem Hügel, mittelalterlich intakt und durch Wehrmauern von der Umgebung abgeriegelt. Nach 48 km langer Fahrt durch das Kulmer Land ist **Toruń** erreicht. Seine von Backsteinhäusern gesäumten Gassen wirken keineswegs museal, sondern höchst vital: Tausende von Studenten, die in der nach Kopernikus benannten Universität eingeschrieben sind, sorgen für jugendliche Atmosphäre. Gern bleibt man deshalb in Toruń etwas länger.

⬢**9** Bootspartie über geneigte Ebenen – Unterwegs auf dem Oberlandkanal

Charakteristik: Von Elbląg nahe dem Frischen Haff starten Schiffe zu einem Ausflug nach Ostróda. Die Bootspartie ist ein Erlebnis der besonderen Art: Die Schiffe werden unterwegs mehrmals auf einem fahrbaren Untersatz transportiert. **Dauer:** 4–5 Stunden oder 1 Tag; **Länge:** 40 bzw. 82 km; **Einkehrmöglichkeiten:** An Bord gibt es Getränke und kleine Snacks; **Auskunft:** Infostellen gibt es am Start- und Endpunkt der Tour; **Ticketkauf:** Żegluga Ostródzko-Elbląska, ul. Panieńska 14, Elbląg; Tel./Fax 0 55/2 32 43 07; www.zegluga.com.pl; Preis ca. 25 €; **Karte:** ⟶ Umschlagkarte vorne

Da die Schiffe auf einer 10 km langen Strecke einen Höhenunterschied von 100 m überwinden müssen, werden sie fünfmal auf einen fahrbaren Untersatz gehievt und auf »geneigten Ebenen« unter Ausnutzung von Wasserkraft zum nächsten Flussabschnitt befördert. Das technisch ungewöhn-

Ein ganz besonderes Erlebnis ist die Fahrt auf dem Oberlandkanal: Die Schiffe passieren hier eine geneigte Ebene.

liche Werk wurde 1848 vom preußischen Ingenieur Georg Steenke entworfen und steht heute unter Denkmalschutz.

Elbląg ⟶ Buczyniec

In Elbląg startet das Ausflugsschiff um 8 Uhr an der Uferpromenade Bulwar Zygmunta Augusta (tgl. 1. Mai–30. Sept.). Wenig später durchfährt es den knapp 8 km langen sumpfig-schilfigen Drużno-See, der zum Vogelreservat erklärt wurde: Große Graureiher- und Kormorankolonien haben sich hier niedergelassen, manchmal sieht man Wildgänse, Schwäne oder sogar Seeadler. Anschließend kommt man durch lang gestreckte, durch Kanäle miteinander verbundene Rinnenseen. Zwischen Waldabschnitten bietet sich Ausblick auf Wiesen und Felder. Bei **Całuny Nowe** erreicht das Schiff die erste geneigte Ebene und passiert in rascher Folge die nächsten vier Rollberge. Gegen 12 Uhr trifft es in **Buczyniec** ein, wo man Zeit zum Aussteigen hat und ein Museum besuchen kann, das die Funktionsweise des Kanals veranschaulicht.

Buczyniec ⟶ Ostróda

Wer will, kann in Buczyniec die Reise beenden und mit dem Bus (im Preis inkl.) nach Elbląg zurückfahren. Die übrigen Gäste bleiben an Bord und treffen gegen 19 Uhr in **Ostróda** ein. Natürlich kann man die Fahrt auch in umgekehrter Richtung unternehmen. In Ostróda startet die Tour um 9 Uhr an der ul. Mickiewicza 9a, wo auch die Fahrkarten gekauft werden können.

Paddeltour auf der Krutynia – Natur pur auf Flüssen und Seen

Charakteristik: Die beliebteste Kanuroute Polens führt über 18 Seen, die durch Flüsschen miteinander verbunden sind. Klassischer Startpunkt ist Schloss Sorkwity, beenden kann man die Tour entweder in Mikołajki oder Ruciane Nida. **Dauer:** je nach Fitness 6–10 Tage; **Länge:** 105 km; **Beste Zeit:** Wer die Tour Juli–August unternehmen will, sollte das Boot vorab reservieren. Einsamkeit wird man im Sommer, wenn hunderte von Kanuten unterwegs sind, freilich nicht finden. In der Nebensaison (Mai–Juni, Ende Aug.–Sept.) hat man die Route dagegen fast für sich allein; **Einkehrmöglichkeiten:** Folgende Bootshäuser (Stanica Wodna) bieten Unterkunft auf Campingplätzen bzw. in herbergsähnlichen Hütten sowie Verpflegung: Sorkwity, Bieńki, Babięta, Spychowo, Zgon, Krutyń, Ukta, Nowy Most und Kamień; am Zielpunkt der Tour (Mikołajki bzw. Ruciane Nida) gibt es eine große Auswahl an Unterkünften; **Auskunft:** nur am Zielpunkt in Mikołajki bzw. Ruciane Nida; **Karte:** ⤏ S. 87

Kann man sich einen schöneren Einstieg denken? Ein Backsteinschloss wie aus dem Bilderbuch, mit Türmen, Zinnen und Basteien, davor ein See mit Schilfufer und Holzsteg, an dem Kanus vertäut liegen.

Sorkwity ⤏ Zgon

Von Schloss Sorkwity paddelt man Richtung Südosten, nach halber Tour über den See hält man sich links (östlich), um die Flusszufahrt zum Łampasz-See nicht zu verpassen. Nach 1,5 km ist der lang gestreckte See erreicht, an dessen Ende man auf einen oft extrem flachen Bach überwechselt. Dieser mündet in den kleinen Kujno-See, der durch einen weiteren Flussabschnitt mit dem 4 km langen Dłużec-See verbunden ist. Danach folgt der Białe-See, an dessen Westufer das Bootshaus **Bieńki** liegt (16 km).

Von Bieńki paddelt man am Westufer entlang, bis rechts ein kleiner, leicht zu übersehender Bach abzweigt, der in den 3 km langen Gant-See führt. Nach Querung des Sees Richtung Südwesten folgt ein 2,5 km langes, vergleichsweise wildes und mit Naturhindernissen gespicktes Flüsschen – von der Fahrt kann man sich in der Bootsstation **Babięta** ausruhen. Sie liegt im Wald 500 m vor dem gleichnamigen Dorf (26 km).

Ein Stück hinter der Bootsstation, an einem Mühlendamm, muss das Boot 100 m über eine stark befahrene Straße getragen werden. Um so mehr freut man sich anschließend über die schöne Natur: Der Große und der Kleine Zyzdrój-See sind ringsum von dichtem Wald eingefasst, nur Vogelstimmen durchbrechen die Stille. Kurz vor Erreichen des äußersten Südzipfels des »Kleinen« Sees fährt man nach links in eine Bucht und gelangt zu einer stillgelegten Schleuse, an der das Boot rechts 100 m getragen werden muss. Über Flüsschen kommt man nach 2,5 km zur Bootsstation **Spychowo** kurz vor dem gleichnamigen See (40 km). Sofort nach der Einfahrt in den Spychowskie-See orientiert man sich nach links zum Ostufer hin, wo ein strömungsstärkerer Flussabschnitt in 5 km zum Zdrużno-See führt. Hier hält man sich sofort rechts, über die östliche Bucht erreicht man nach 1 km den Uplik-See. An seinem rechten Ufer liegt ein Graureiher-Reservat, am Nordende geht es über eine Enge in den **Mokre-See** mit der Bootsstation **Zgon** (51,5 km).

Zgon ⤏ Ukta

Nun paddelt man nordwärts über die beeindruckend große Wasserfläche des Mokre-Sees. 1 km vor dem Nordzipfel des Sees geht es nach rechts,

Ein Vergnügen auch für sportlich weniger Ambitionierte ist die Paddeltour auf der Krutynia, der beliebtesten Kanuroute Polens.

also ostwärts, in eine trichterförmige Bucht, wo das Boot 20 m übers Ufer getragen werden muss. Danach wird der 2,3 km lange Krutyńskie-See gequert, der bereits im Masurischen Landschaftspark liegt. Am Südzipfel des Sees wechselt man auf die Krutynia über, um nach 2 km das Dorf **Krutyń** zu erreichen, das am linken Ufer des Flusses liegt (62 km).

In Krutyń booten sich alle ein, die nur das 13,5 km lange »Filetstück« bis Ukta abfahren wollen: Gleich südlich des Dorfes gleitet man durch einen grünen Tunnel; auch das Wasser mit seinem meterlangen, von der Strömung durchkämmten Seegras wirkt wie ein Dschungel. Tatsächlich ist es aber so klar, dass auf dem Grund kriechende Flusskrebse und vorbeiflitzende Fische deutlich zu sehen sind. Nach 3 km gelangt man zur alten Backsteinmühle von Krutyński Piecek, wo das Boot 150 m getragen werden muss – im Sommer stehen gegen Aufpreis Bootswagen bereit. Nun lichtet sich der Wald, man paddelt an Feldern und blumenübersäten Wiesen vorbei; auf Weiden stehen Pferde und Kühe. Hinter dem Weiler Rosocha, kurz vor dem rechts

liegenden Dorf Wojnowo, empfiehlt sich ein 3 km langer Abstecher in den Duś-See, an dessen Ostufer das Nonnenkloster der Altgläubigen thront. Wenig später erreicht man **Ukta**, wo eine Bar an der Brücke Stärkung bietet; die Bootsstation befindet sich 1 km hinter der Straßenbrücke (75,5 km).

Hinter Ukta wird die Landschaft wieder wilder: Seerosen und andere Pflanzen müssen mit dem Paddel durchpflügt werden, im Wasser liegende Baumstämme zwingen zum Slalom bis **Nowy Most** (82 km). 4 km hinter der Bootsstation mündet die Krutynia in den Gardyńskie-See, wo man sich scharf rechts Richtung Süden hält und über eine kurze und enge Passage zum Malinówko-See gelangt. Nicht umsonst trug er in deutscher Zeit den Namen »Storchenbucht«: Seine morastigen, schwer zugänglichen Ufer bieten noch heute seltenen Wasservögeln Unterschlupf. In östlicher Richtung geht es weiter bis **Iznota** (88 km), wo die Krutynia in den Jezioro Bełdany, einen der schönsten Seen Masurens, mündet. Hier muss man sich entscheiden, ob man südwärts via Kamień nach **Ru-**

ciane **Nida** (103 km) oder nordwärts nach **Mikołajki** (105 km) paddelt.

Schnuppertour

Wer nur eine Schnuppertour unternehmen will, startet in Krutyń und durchfährt den schönsten Streckenabschnitt bis Ukta (13,5 km). Für diese Schnuppertour empfiehlt es sich, die deutschsprachige Pensionsleitung Habenda in Krutyń zu kontaktieren.

Organisierte Tour

Wer die große Paddeltour lieber im Rahmen einer organisierten Pauschalreise mit deutschsprachigem Führer unternehmen möchte, kann sich an mehrere Veranstalter wenden. Bei **innaTOURa** ist man elf Tage unterwegs (Nussanger 6, 37079 Göttingen; Tel. 05 51/5 04 65 71, Fax 5 04 69 24; www.innatoura-polen.de). Bei **Natours** dauert die Fahrt 14 Tage, jeden Abend werden eine warme Dusche und ein Mahl im Gasthaus garantiert (Untere Eschstr. 15, 49179 Ostercappeln; Tel. 0 54 73/9 22 90, Fax 82 19; www.natours.de).

Ausrüstung

Man muss kein eigenes Boot dabei haben, um auf der Krutynia zu paddeln. Alle in der Rubrik »Einkehrmöglichkeiten« aufgeführten Bootshäuser sowie zahlreiche private Stationen verleihen Kajaks und Kanus. Diese können am Zielort abgegeben werden bzw. werden dort abgeholt.

Schwierigkeitsgrad

Aufgrund der geringen Fließgeschwindigkeit der Krutynia ist die Tour auch für Anfänger geeignet. Beim Durchfahren der Seen sollten unerfahrene Paddler möglichst in Ufernähe bleiben. An einigen Stellen muss das Boot getragen werden.

© MERIAN-Kartographie

Durch den Masurischen Landschaftspark – Mit dem Rad zu verträumten Dörfern

Charakteristik: Eine Tour abseits der Straße – Masurens schönste Landschaft erkundet man am besten auf Forstpisten und Waldwegen. Startpunkt ist die Kleinstadt Pisz, über Zwischenstopps in Ruciane Nida und Mikołajki erreicht man Mrągowo, den Endpunkt der Tour; **Dauer:** 2–3 Tage; **Länge:** 121 km; **Schwierigkeitsgrad:** Zwar verläuft die Tour meist auf gut befahrbaren Pisten, doch aufgrund des buckligen Geländes muss man kräftig in die Pedale treten; **Einkehrmöglichkeiten:** Im Sommer gibt es Kost & Logis auf den Campingplätzen von Jabłoń, Wiartel und Zamordeje, bessere Unterkunft bieten Wejsuny und Wierzba. In Orten wie Pisz, Ruciane Nida, Mikołajki, Krutyń, Ukta und Mrągowo stehen mehrere Pensionen und Lokale zur Auswahl. Originell übernachtet man im »masurischen Eden« (Iznota) sowie im asketischen Altgläubigenkloster in Wojnowo; **Auskunft:** Infostellen gibt es in Ruciane Nida, Mikołajki und Mrągowo; **Karte:** ⤳ S. 117, E 17–F 18

Man radelt bei dieser Tour am einsamen Seeufer entlang, besucht Tarpanpferde und Hirsche, ein orthodoxes Altgläubigenkloster und das museale Wiechert-Haus. Auch eine Kanupartie kann eingeschoben werden.

Pisz ⤳ Ruciane Nida

Pisz ist das Eingangstor zur Johannisburger Heide (Puszcza Piska), die zu Polens größten Wäldern gehört. Vom Marktplatz geht es auf der ul. 1-Maja ein kurzes Stück westwärts, dann biegt man links in die ul. Dr. Władysław Klementowskiego, die bald den Namen Leśna annimmt. Man quert stillgelegte Bahngleise und fährt weiter Richtung Wiartel. Vorbei an einem großen Wasserturm kommt man zum Dorf **Jabłoń**, das am Ufer eines Sees liegt (3,5 km). Nach weiteren 3 km biegt man rechts in eine Piste ein, folgt der Ausschilderung Richtung **Wiartel** und gelangt ins Dorf am gleichnamigen See (8 km). An der nächsten großen Straße biegt man rechts ein, quert eine Brücke und passiert das Kulturhaus (Dom Kultury). Sobald die Straße hinter der Kirche einen Rechtsbogen beschreibt, hält man sich links, um sogleich am Schild »Parking 700 m« in eine rechts abzweigende Piste einzubiegen.

Nun lässt man die Zivilisation hinter sich und taucht in den Johannisburger Wald ein: Nachdem man eine Brücke passiert hat, fährt man zunächst links, hält sich aber an der nächsten Gabelung rechts Richtung Zamordeje. Die Piste verläuft in Südwestrichtung, doch an einer ausgeschilderten Gabelung, wenn man rechts Richtung Ruciane Nida abbiegt, schwenkt sie auf Nordwest. Nun verläuft die Tour parallel zum lang gestreckten Nidzkie-See, der jedoch vorerst nicht zu sehen ist. Zweimal hintereinander hält man sich links und fährt an Ferienhäuschen vorbei. An einer Verzweigung folgt man der Ausschilderung Richtung »Lysa«, unmittelbar danach biegt man links in einen mit Nummer »24« markierten Weg ein (Zusatzschild: Domiejsca Biwakowania = privater Biwakplatz). Nun fährt man nah am Nidzkie-See entlang, durchs Baumdickicht eröffnen sich immer wieder Ausblicke aufs Wasser. Am darauf folgenden Schild mit der Aufschrift »Domiejsca Biwakowania« hält man sich links und passiert einen Biwakplatz. Schließlich gelangt man zu einer Absperrung, fährt geradeaus weiter und erreicht eine Kreuzung, an der es links nach **Kowalik** geht (28 km). Vorbei am Hotel Nidzkie kommt man zur Straße ul. Dworcowa, über die man links das Zentrum von **Ruciane Nida** erreicht (32 km).

Ruciane Nida ···⟩ Mikołajki

Hinter der Touristeninformation von **Ruciane Nida** (ul. Dworcowa 14) zweigt rechts die ul. Mazurska ab, die zur Schleuse Guzianka führt. Nach Querung zweier Brücken gelangt man zum zwischen zwei Seen gelegenen **Wejsuny** (6,5 km). Am Ende des Dorfes stößt man auf eine T-Kreuzung und biegt links ein, um danach nach weiteren 500 m erneut links abzubiegen. Vorbei am Club Mazurski gelangt man zum Weiler **Onufryjewo** (9 km). Hier folgt man der ersten sich bietenden Linksabzweigung und biegt am letzten Haus des Orts (10 km) rechts in eine Sandpiste ein, die nach 1,5 km zu einer Kreuzung führt. Hier hält man sich rechts und fährt am Freigehege für Tarpanpferde vorbei (»Rezerwat Konika Polskiego«). 600 m hinter einer Lichtung folgt man einem links abzweigenden Weg, der an den Bełdany-See heranführt. Weiter geht es auf der »Sziežka Przyrodnicza«, einem »Naturpfad« vorbei an mehreren Campingplätzen. An einer markanten Gabelung fährt man links hinab, vorbei an einem Holzhäuschen mit Kreuz gelangt man kurz danach auf eine Asphaltstraße, der man nach links folgt. Ein Tor markiert das Ende des »Reservats des polnischen Pferdes« (Rezerwat Konika Polskiego). Wenig später gelangt man zu einer Kreuzung: Rechts führt ein kurzer Abstecher nach **Popielno**, wo die Polnische Akademie der Wissenschaften eine Forschungsstation für Tarpanpferde, Biber und Wisente unterhält (Mo–Fr 10–13, Sa–So 11–14 Uhr.); links führt die Hauptroute nach **Wierzba**, wo im Sommer von 8–17 Uhr zu jeder vollen Stunde eine Mini-Fähre zum gegenüberliegenden Ufer des Bełdany-Sees übersetzt (18,5 km).

Wer Mikołajki auslassen will, hält sich nach der Überfahrt sogleich links und spart auf diese Weise 15 km Fahrt ein. Doch der Abstecher nach Mikołajki lohnt, zumal er durch eine Landschaft führt, die man gern zweimal sieht: An der Anlegestelle hält man sich rechts, auf sandiger Piste geht es dicht am Seeufer entlang. Anschließend geht es durch Wald 4,5 km zu einer T-Kreuzung. Hier hält man sich rechts und stößt nach weiteren 500 m auf eine Straße, die rechts nach **Mikołajki** führt (26 km).

Mikołajki ···⟩ Ukta

Von **Mikołajki** fährt man auf der schon bekannten Strecke zur Anlegestelle der Mini-Fähre: Vom Stadtzent-

Herbststimmung am See Wielka Guzianka, nördlich der Ortschaft Ruciane Nida.

rum geht es auf der der ul. Mrągowska über eine Brücke zum Westufer des Sees (1 km). Dort folgt man der ul. Warszawska nach links, verlässt sie nach 1,5 km auf einer links abzweigenden Piste und hält sich nach weiteren 500 m wieder links. Nach 4,5 km ist die Anlegestelle erreicht (7,5 km).

Kurz vor der Anlegestelle biegt man rechts in einen rot-weiß markierten Weg ein, der nach 4 km in eine T-Kreuzung mündet. Links führt eine schmale Straße nach **Iznota** (11,5 km), 1,5 km hinter dem Dorf empfiehlt sich ein Abstecher zum »Galindia Mazurski Eden« – auf den Kopf gestellte Bäume weisen den Weg. Das »Eden« entpuppt sich als Holzfestung nach Art der galindischen Ureinwohner, ein guter Ort für einen Zwischenstopp (→ MERIAN-Tipp, S. 74).

Zurück auf die Hauptroute kommt man zur einer Gabelung: Links geht es nach »Gąsior«, unser Weg führt aber nach rechts. Nach 1,5 km folgt man dem Schild nach rechts Richtung »Dojazd Pożarowy Nr. 11«, an der Gabelung wenig später findet sich das Richtungsschild ein weiteres Mal. Der Wald lichtet sich, hin und wieder sieht man einen Bauernhof. Am Haus Nr. 29 heißt es rechts weiter, wenig später stößt auf man eine Asphaltstraße, die rechts nach **Ukta** führt (20 km).

Backsteinarchitektur prägt das Bild masurischer Städte – hier ein schönes Fachwerkdetail aus Ukta.

Ukta ⤍ Mrągowo

Von Ukta geht es auf einer wenig befahrenen Landstraße nach **Wojnowo** (23 km), einem Dorf, das von Nachfahren russischer Einwanderer aus dem frühen 19. Jh. bewohnt wird. Links der Straße sieht man ihre blau-weiße Kirche mit orthodoxer Zwiebelkuppel. Die eigentliche Sehenswürdigkeit ist aber ein kleines Kloster, das wenig später über eine rechts abzweigende Zufahrt erreichbar ist.

Kurz danach stößt man auf die stärker befahrene Straße Nr. 58 und folgt ihr nach rechts, verlässt sie aber bereits nach 2 km auf einer rechts abzweigenden Allee. Bald ist das hübsche Dorf **Krutyń** (32 km) erreicht, in dem man sich problemlos in die Paddeltour auf der Krutynia (→ Routen und Touren, S. 85) einklinken kann.

2,5 km nördlich von Krutyń geht es links weiter in Richtung Mrągowo. Nach weiteren 2,5 km verlässt man die Straße auf einem rechts abzweigenden Waldsträßchen (Richtung Kosewo). An der Kreuzung nach 5 km führt die Haupttour geradeaus weiter, doch unternehmen Literaturfreunde gern einen kurzen Abstecher nach links zum **Forsthaus Piersławek**, in dem Ernst Wiechert 20 Jahre lebte (Juni–Sept. Mo–Sa 9–17, Okt.–Mai 10–14 Uhr).

Nächster Zwischenstopp auf der Hauptstrecke ist **Kosewo Górne**, wo die Polnischen Akademie der Wissenschaften eine Hirschfarm unterhält. Alle in Polen vertretenen Arten sind hier vereint, vom Damhirsch über das Mufflon bis zum Elch (Mai–Aug. Di–So 10–18 Uhr).

Ein kurzes Stück weiter, in **Kosewo** (50 km), stößt man auf die Hauptstraße und folgt ihr nach links. Nach 500 m verlässt man sie auf einer Piste nach rechts, die eine Eisenbahnbrücke unterquert und zum am Juksty-See gelegenen Dorf **Zawada** führt. Über Sniadowo und Muntowo erreicht man die Landstraße Nr. 59, die links nach **Mrągowo** führt (63 km).

Stilles, bäuerliches Land erkunden –
Mit Auto oder Rad ins östliche Masuren

Charakteristik: Man radelt über leicht gewelltes Land, durch Kiefernwald und am Seeufer entlang. Auf den Straßen sind meist nur wenig Autos unterwegs. **Dauer:** 2 Tage; **Länge:** 119 km; **Schwierigkeitsgrad:** Das leicht hügelige Gelände ist selbst für wenig geübte Radfahrer kein Problem, etwas anstrengender nur auf der Etappe Miłki–Rydzewo; **Einkehrmöglichkeiten:** Mehrere Unterkünfte und Lokale in Giżycko und Ełk, unterwegs Einkehr in Stare Juchy, Straduny, Marcinowa Wola und Rydzewo; **Auskunft:** in Giżycko; **Karte:** ···⟩ Umschlagkarte vorne

Giżycko ···⟩ Ełk

In **Giżycko** fährt man vom lang gestreckten pl. Grunwaldzki auf der Warszawska ostwärts und folgt der Straße 644 in Richtung Łomża. Bald hat man die Stadt hinter sich gelassen, zur Rechten erstreckt sich der Niegocin-See. Nach 6 km, im Dorf Kąp, verlässt man die Überlandstraße und folgt der wenig befahrenen Straße 655 in Richtung Suwałki. Nun kann man sich ganz auf die Landschaft konzentrieren, kleine grüne Fluren und verschlafene Dörfer am See. Nach 18 km ist **Sucholaski** erreicht, hier hält man sich rechts und radelt am Ufer des Wydmińskie-Sees entlang bis **Wydminy** (21 km).

Kurz hinter dem Dorf biegt man links ab und erreicht über den Weiler Wężówka das größere **Stary Juchy** (34 km) mit Radlerpension und luxuriösem Landhotel. Weiter geht es in Richtung »Ełk«, in Bałamutowo (41 km) biegt man links ab, quert hinter Malinówka Wielka den Laśmiady-See und biegt dann rechts nach **Straduny** ein (49 km). Das Dorf liegt am Südostzipfel des Laśmiady-Sees, der durch eine Schleuse mit dem Fluss Ełk verbunden ist – ein sehr schönes und weitgehend unbekanntes Paddelrevier. Direkt am Wehr steht das Herrenhaus A. S., das gute Hausmannskost und auch ein Bett für die Nacht bietet (→ Ełk). Auf der Landstraße 65 erreicht man **Ełk** (57 km), wo sich die besten Unterkünfte an der verkehrsberuhigten Uferpromenade befinden.

Ełk ···⟩ Giżycko

Man verlässt Ełk auf der Straße 16 (Richtung »Olsztyn«) und biegt nach 2 km rechts ab in die Straße 656 nach »Wydminy«. Über die Weiler Woszczele, Grabnik, Zelki und Ranty kommt man nach **Czyprki** (33 km), wo man die 656 auf einem links abzweigenden Sträßchen verlässt. Nach 4 km mündet es im Dorf **Miłki** (37 km) in die Straße 63. Dieser folgt man nach rechts, um bei der ersten sich bietenden Gelegenheit sogleich links in eine Asphaltpiste einzubiegen. Wenig später quert man eine Seefurt, die den lang gestreckten Buwełno- vom Wojnowo-See trennt, und muss sich entscheiden: Entweder fährt man am hohen, unbewaldeten Seeufer südwärts nach Marcinowa Wola, wo die Pension Teresa ein komfortables Quartier bietet, oder man folgt sogleich der Hauptroute nach rechts und radelt steil hinauf nach Przykop. Über sattgrüne Hügel, der Himmel scheint zum Greifen nah, geht es in leichtem Auf und Ab bis **Rydzewo**, das am »masurischen Meer« des Niegocin-Sees liegt (46 km). Links gelangt man am »masurischen Hof« (Zagroda Mazurska) und dem Gasthaus »Zum Schwarzen Schwan« (Pod Czarnym Łabędziem) vorbei zu einer Kreuzung, hält sich dort rechts und quert auf einer schmalen Landenge den Südausläufer des Sees. Am gegenüberliegenden Ufer hält man sich erneut rechts und fährt immer dicht am See entlang über Wilkasy zurück nach Giżycko (62 km).

Wissenswertes über Masuren

Danzig, auferstanden aus den Ruinen des Zweiten Weltkriegs: Die Hansestadt an der Ostsee wurde meisterhaft restauriert.

Masuren im Überblick: mit Reiseknigge, Sprachführer, Essdolmetscher und vielen anderen nützlichen Infos. Damit Sie zufrieden ankommen und
Ihr Reiseziel noch zufriedener verlassen.

Jahreszahlen und Fakten im Überblick

Steinzeit
Im südlichen Ostseeraum siedeln verschiedene Völker, darunter die germanischen Goten und Gepiden, die ab dem 4. Jh. nach Westen auswandern. Ab dem 2. Jh. n. Chr. lassen sich erstmals Prussen an der Küste östlich von Danzig nieder. Die westlich und südlich von Danzig gelegenen Regionen werden ab dem 5. Jh. von Slawen besiedelt.

10. Jh.
Galinder und Sudauer, Stämme vom baltischen Volk der Pruzzen, sehen sich Angriffen der Nachbarvölker ausgesetzt. Von deutschen Bistümern starten Missionare in Richtung Osten, um die »heidnischen« Stämme zum Christentum zu bekehren.

966
Dieses Jahr bedeutet die Geburtsstunde des polnischen Staates: Fürst Mieszko I. vom Geschlecht der Piasten lässt sich nach römisch-katholischem Ritus taufen. Damit erwirbt der Fürst Anspruch auf päpstlichen Schutz und darf nun seinerseits missionierend tätig werden.

997
Bischof Adalbert wird von heidnischen Pruzzen erschlagen.

Ab 1138
Das polnische Herrschaftsgebiet zerfällt in Teilfürstentümer.

1190
In diesem Jahr erfolgt die Gründung des deutschen Marienordens bei Akkon im Heiligen Land.

1225
Herzog Konrad von Masowien ruft den Deutschen Orden gegen die heidnischen Pruzzen zu Hilfe.

1231–1283
Die Ordensritter erobern das Pruzzenland und errichten einen Ostseestaat. Die Bewohner werden mit Feuer und Schwert zum wahren Glauben bekehrt, ihre Kultur wird ausgelöscht. Über 100 Städte werden gegründet, Siedler aus Deutschland und Masowien angeworben.

1309
Der Orden verlegt seinen Regierungssitz von Venedig nach Marienburg und erlebt in der Folge den Höhepunkt seiner Machtentfaltung.

Ab 1320
Einigung der zerfallenen polnischen Teilfürstentümer.

1386
Polen christianisiert Litauen und gründet einen »Staatenbund«.

1410
Das Ordensheer wird von den polnisch-litauischen Truppen bei Grunwald besiegt, Polen erlegt dem Ordensstaat hohe Geldzahlungen auf.

1454–1466
Der Konflikt zwischen den von Polen unterstützten Hansestädten und dem Deutschen Orden eskaliert zum Krieg. 1457 verlegt der Hochmeister seine Residenz nach Königsberg. Neun Jahre später ist der Orden besiegt. Er muss Kulmerland, Ermland und Pommerellen an Polen abtreten, ebenso Danzig, Elbing und Marienburg.

1525
Der Hochmeister löst den Ordensstaat auf, das nunmehr säkularisierte Herzogtum Preußen wird der polnischen Krone unterstellt. Mit Ausnahme des Ermlands wird das gesamte Ostpreußen protestantisch.

1572–1795
Wahlkönigtum: Schwächung der Krone, Stärkung des Adels. Niedergang Polens als Großmacht.

1772–1795
Polen wird unter Preußen, Österreich und Russland aufgeteilt, ist also kein souveräner Staat mehr.

1914
Der Erste Weltkrieg beginnt, Ostpreußen wird Kriegsschauplatz. In der Schlacht bei Tannenberg siegt General Hindenburg gegen die Russen.

1918
Polen erlangt seine nationale Unabhängigkeit zurück.

1919–1920
Gemäß dem Friedensvertrag von Versailles erhält Polen den größten Teil Westpreußens und damit Zugang zum Baltischen Meer. Danzig wird Freistadt, im Ermland und im südlichen Masuren sprechen sich in einer Volksabstimmung 97,8 % der Bewohner für den Verbleib bei Deutschland aus.

1939
Der Zweite Weltkrieg beginnt mit dem deutschen Angriff auf die Westerplatte, in den folgenden sechs Jahren werden schätzungsweise 6 Mio. Polen, darunter 3 Mio. Juden, getötet.

1945
Der Weltkrieg endet mit Flucht und Vertreibung eines Großteils der deutschstämmigen Bevölkerung. Nur die alteingesessenen, polnisch sprechenden Bürger dürfen bleiben. Das polnische Staatsgebiet wird nach Westen verschoben, Masuren wird polnisch.

1945–1989
Polen ist in den osteuropäischen Herrschaftsblock eingefügt. Die Opposition sammelt sich unter dem Banner des Katholizismus.

1978
Karol Wojtyła wird zum Papst Johannes Paul II. gewählt.

1989
Polen wird zur Republik erklärt, die marktwirtschaftliche Demokratie hält Einzug.

1990
Der deutsch-polnische Grenzvertrag wird unterzeichnet, die deutsche Regierung erkennt die Westgrenze Polens an.

1999
Polen wird in die NATO aufgenommen.

2004
Polen wird Mitglied der Europäischen Union.

Vor den Toren der ehemaligen Lenin-Werft wurde 1970 das weithin sichtbare Denkmal der gefallenen Werftarbeiter aufgestellt.

Nie wieder sprachlos

Polnisch gehört zur Familie der west-slawischen Sprachen. Es ist eine sehr alte Sprache, die sich über lange Zeit weitgehend unverändert erhalten hat. Polnisch gilt als die schwierigste aller slawischen Sprachen. Das polnische Alphabet umfasst denn auch 32 Zeichen. Für Nicht-Polen ist besonders die massive Häufung von Konsonanten schwer auszusprechen; es können bis zu fünf Konsonanten hintereinander stehen.

Aussprache

ę –	nasaliert wie im französischen Jean Gabin
ą –	nasaliert wie im französischen bon
ł –	ähnlich dem englischen where
ś –	ein weiches sch
ć –	ein weiches dch wie in Mädchen
ń –	ähnlich dem nj in Anja
ó –	entspricht dem kurzen u in Mund
ż, rz –	ähnlich dem französischen journal
z –	wie stimmhaftes s in Sonne, doch im Auslaut stimmlos
sz –	entspricht sch in Schach
cz –	entspricht tsch wie in Tschechien

Der Hauptakzent liegt in der Regel auf der vorletzten Silbe. Alle Vokale sind kurz und offen, in Kombination mit anderen Vokalen getrennt auszusprechen (i-e, e-u). Gleiches gilt für Konsonantenkombinationen: so wird ck nicht zu k verkürzt (Aussprache: tsk).

Wichtige Wörter und Ausdrücke

Ja	*tak*
Nein	*nie*
Bitte	*proszę*
Danke	*dziękuję*
Wie bitte?	*Proszę?*
Ich verstehe nicht	*nie rozumiem*

vielleicht	*może*
Ich spreche kein Polnisch!	*Nie mówię po polsku!*
Entschuldigung	*przepraszam*
Guten Tag	*dzień dobry*
Guten Abend	*dobry wieczór*
Hallo	*cześć*
Auf Wiedersehen	*do widzenia*
Ich heiße ...	*Nazywam się ...*
Ich komme aus ...	*Jestem z ...*
Wie geht es Ihnen?	*Jak się Pa/Pani (m/w) ma?*
Danke, gut	*dziękuję, dobrze*
Wer, was	*kto, co*
Wie viel	*ile*
Wo ist	*gdzie jest*
Wann	*kiedy*
Wie lange	*jak długo*
Sprechen Sie Deutsch?	*Mówi Pan/Pani (m/w) po niemiecku?*
Heute	*dziśaj*
Morgen	*jutro*

Zahlen

0	*zero*
1	*jeden*
2	*dwa*
3	*trzy*
4	*cztery*
5	*pięć*
6	*sześć*
7	*siedem*
8	*osiem*
9	*dziewięć*
10	*dziesięć*
100	*sto*
1000	*tysiąc*

Wochentage

Montag	*poniedziałek*
Dienstag	*wtorek*
Mittwoch	*środa*
Donnerstag	*czwartek*
Freitag	*piątek*
Samstag	*sobota*
Sonntag	*niedziela*

Mit und ohne Auto unterwegs

Wie weit ist es nach ...?	*Jak długo to jest do ...*
Wo ist ...	*Gdzie jest ...*
– die nächste Werkstatt	*najbliższy warsztat samochodowy*
– der Bahnhof/ Busbahnhof	*dworzec PKP/ dworzec PKS*
– die nächste Bus-Station	*najbliższy przysta- nek autobusowy*
– der Flughafen	*lotnisko*
– die Touristen- information	*informacja turystyczna*
– die nächste Bank/ Wechselstube	*najbliższy bank/kantor*
– die nächste Tankstelle	*najbliższa stacja benzynowa*
Benzin	*benzyna*
– bleifrei	*benzyna bezoło- wiowa (mit einem durchgestriche- nen Pb 95 ge- kennzeichnet)*
– Super	*benzyna wyso- kooktanowa*
– Diesel	*olej napędowy (gekennzeichnet als ON)*
Voll tanken, bitte!	*Proszę do pełna!*
bewachter Parkplatz	*parking strzeżony*
Eine Fahrkarte nach ... bitte!	*Chciałbym/Chcia- łabym (m/w) bilet do ...!*
Ich möchte Euro in Złoty wechseln	*Chciałbym/Chcia- łabym (m/w) wymienić euro na złotych*
links	*na lewo*
rechts	*na prawo*

Im Notfall

Krankenhaus	*szpital*
Rettungswagen	*pogotowie ratunkowe*
Ich habe eine Panne	*Mam awarię samochodu*
Pannenhilfe	*pogotowie techniczne*
Hilfe!	*Pomocy! Ratunku!*
Ich bin bestoh- len worden!	*Zostałem okrad- ziony/okradziona (m/w)!*
Polizei	*policja*

Hotel

Haben Sie ein Zimmer frei?	*Czy ma Pan/Pani (m/w) wolny pokój?*
Einzelzimmer	*pokój jednooso- bowy*
Doppelzimmer	*pokój dwuosobowy*
Ich möchte ein Zimmer...	*Chciałbym / chciała- bym (m/w) pokój*
– mit Bad	*z łazienką*
– für eine Nacht	*za jedną noc*
– für eine Woche	*na tydzień*
– mit Frühstück	*ze śniadaniem*
– mit Halbpen- sion	*ze śniadaniem i kolacją*
Kann ich das Zimmer sehen?	*Mogę ten pokój widzieć?*
Wie viel kostet ein Zimmer?	*Ile kosztuje pokój?*
Kann ich mit Kreditkarte zahlen?	*Mogę płacić z kartą kredytową?*

Restaurant

Die Speisekarte bitte	*Jadłospis proszę*
Zum Wohl!	*Na zdrowje!*
Bitte die Rechnung!	*Proszę o rachunek!*
Wo finde ich die Toiletten?	*Gdzie są toalety?*
Frühstück	*śniadanie*
Mittagessen	*obiad*
Abendessen	*kolacja*

Einkaufen

Haben Sie ...?	*Czy ma Pan/Pani (m/w) ...?*
Wie viel kostet es?	*Ile to kosztuje?*
Das ist zu teuer	*To za drogo*
Was kostet ein Brief/Postkarte	*Ile kosztuje list/pocztówka*
– nach Deutsch- land/Öster- reich/in die Schweiz	*do Niemiec/ Austrija/Szwajcarja?*

Die wichtigsten kulinarischen Begriffe

Wichtige Redewendungen (→ S. 97)

B
barszcz czerwony: Rote-Rüben-Suppe
– *z krokotkiem:* Rote-Rüben-Suppe mit Fleischkrokette
– *z uszkami:* Rote-Rüben-Suppe mit kleinen Teigtaschen
befsztyk: Beefsteak
– *tatarski:* Beefsteak-Tatar
bigos: Krautgulasch mit Pilzen
borowiki: Steinpilze
bułka: Brötchen

C
chleb: Brot
chłodnik: Kaltschale aus roter Beete
ciastko: Kuchen
cielęcina: Kalbfleisch
cukier: Zucker

D
dania bezmięsne: fleischlose Gerichte
– *jarskie:* vegetarische Gerichte
– *mięsne:* Fleischgerichte
– *rybne:* Fischgerichte
desery: Nachtisch
dorsz: Dorsch
drób: Geflügel
dziczyna: Wild
dżem: Marmelade

E
eskalopi cielęce: Kalbsschnitzel

F
fasolka szparagowa: grüne Bohnen
filet z kurczaka: Hähnchenfilet
flaki: Kutteln
frytki: Pommes Frites

G
golonka: Eisbein
gołąbki: mit Fleisch und Reis gefüllte Krautrouladen
grzyby: Pilze
– *marynowane:* marinierte Pilze

gulasz wołowy: Rindsgulasch

H
herbata: Tee
– *z cytryną:* Tee mit Zitrone
– *mlekiem:* Tee mit Milch

I
indyk: Truthahn

J
jabłka: Äpfel
jajecznica: Rührei
jajko: Ei

K
kaczka pieczona z jabłkami: gebratene Ente mit Äpfeln
kalafior: Blumenkohl
kapusta kiszona: Sauerkraut
– *z grzybami:* Kraut mit Pilzen
karp po żydowsku: Karpfen »auf jüdische Art«, d. h. in Aspik
kawa: Kaffee
– *z mleczkiem:* Kaffee mit Milch
– *z bitą śmietaną:* Kaffee mit Sahne
– *mrożona:* Eiskaffee
kiełbasa: Wurst
– *z rożna:* Grillwurst
knedle: Knödel
kotlet szabowy: Schweineschnitzel
– *mielony:* Hackschnitzel
krewetki: Garnelen, Krabben
królik: Kaninchen
kurczak: Hähnchen
kurki: Pfifferlinge

L
lody: Eis
łosoś: Lachs

M
makowiec: Mohnkuchen
makrela: Makrele
masłak: Butterpilz
masło: Butter
miód pitny: Honigwein, Met
mizeria: Gurkensalat mit saurer Sahne

mleko: Milch
– *kwaśne:* Sauermilch
musztarda: Senf

N
naleśniki: Eierkuchen
– *z serem:* Eierkuchen mit Quark
napoje: Getränke
– *alkoholowe:* alkoholische Getränke
– *bezalkoholowe:* alkoholfreie
Getränke
– *owocowe:* Fruchtgetränke

O
okoń: Barsch
owoce: Früchte, Obst

P
pieczarki: Champignons
pieczeń: Braten
– *huzarska:* gefüllter Rindsbraten
– *z dzika:* Wildschweinbraten
– *wieprzowa:* Schweinebraten
pieczywo: Gebäck
pieprz: Pfeffer
pierogi: gefüllte Teigtaschen
– *po ruskie:* »auf russisch« mit
Schichtkäse, Kartoffeln und
Zwiebeln
– *z mięsem:* mit Fleisch
– *z kapustą:* mit Sauerkraut
piwo: Bier
placki ziemniaczane: Kartoffelpuffer
polędwica: Lendenstück
pomodory: Tomaten
potrawka: Ragout
– *z kurczaka:* Geflügelragout
– *cielęca:* Kalbsragout
pstrąg: Forelle

R
rak: Krebs
rosół: Brühe
ryba smażona: gebratener Fisch
– *wędzona:* geräucherter Fisch
ryż: Reis

S
sałatka: grüner Salat
– *jarzynowa:* Gemüsesalat
– *z pomidorów:* Tomatensalat
sandacz: Zander

sardynka: Sardine
ser biały: Schichtkäse, Quark
– *żółty:* Hartkäse
sielawa: Maräne
śledź w śmietanie: Hering in
Sahnesoße
śledź w oleju: Hering in Öl
sok: Saft
– *pomarańczowy:* Orangensaft
– *pomidorowy:* Tomatensaft
– *jabłkowy:* Apfelsaft
– *z czarnej poreczki:* Johannis-
beersaft
sól: Salz
surówka: Rohkost, Salatbeilage
– *z marchewki:* Karottensalat
– *z pomidorów:* Tomatensalat
szarlotka: Apfelkuchen
szaszłyk: Fleischspieß
szczupak: Hecht
sznycel: Schnitzel
szparagi: Spargel
smietana: Sahne
szampan: Sekt

T
twaróg: Quark, Schichtkäse
truskawki: Erdbeeren

W
warzywa: Gemüse
węgorz wędzony: geräucherter Aal
wieprzowina: Schweinefleisch
wino: Wein
– *białe:* Weißwein
– *czerwone:* Rotwein
– *grzane:* Glühwein
woda mineralna: Mineralwasser
wódka: Wodka
wołowina: Rindfleisch

Z
zając w śmietanie: Hase in Sahne
ziemnaki: Kartoffeln
zupa: Suppe
– *grzybowa:* Pilzsuppe
– *jarzynowa:* Gemüsesuppe
– *ogórkowa:* Gurkensuppe
– *pomidorowa:* Tomatensuppe
żurek: Sauerrahmsuppe
– *w chlebie:* im ausgehöhlten
Brotlaib

Nützliche Adressen und Reiseservice

ANREISE UND VERKEHRSVERBINDUNGEN

Mit dem Auto

Autofahrern stehen zahlreiche Grenzübergänge zur Wahl, die meisten von Deutschland, weitere von Tschechien und der Slowakei. Sie sind in der Regel rund um die Uhr geöffnet, Geldwechsel ist möglich. Autofahrer benötigen bei der Einreise den nationalen Führerschein und den Kfz-Schein, am Wagen ist das Länderkennzeichen anzubringen.

Die Verkehrsinfrastruktur wird mit EU-Mitteln stetig verbessert, der Ausbau der Autobahnen schreitet zügig voran. Die Entrichtung der Gebühren auf den bereits fertig gestellten Strecken verteilt sich über mehrere Mautstationen; eine Tabelle der aktuellen Straßenbenutzungsgebühren findet man auf den Internetseiten der Deutschen Botschaft in Warschau (www.ambasadaniemiec.pl).

Viele Nebenstrecken sind dagegen in relativ schlechtem Zustand: Da gibt es Pferdefuhrwerke und landwirtschaftliche Fahrzeuge mit nicht ausreichender Beleuchtung, häufig auch Schlaglöcher und holprige Bahnübergänge. Doch in Masuren stört das die wenigsten: Hier ist noch ein anderes Tempo angesagt, man fährt langsamer und vorsichtiger...

Verkehrsregeln

Als Tempolimits gelten innerorts am Tage 50 km/h (von 23 Uhr bis 5 Uhr früh 60 km/h), auf Landstraßen mit einer Fahrbahn 90 km/h, mit zwei Fahrbahnen 100 km/h; auf Schnellstraßen mit einer Fahrbahn 100 km/h, mit zwei Fahrbahnen 110 km/h und auf Autobahnen 130 km/h. Pkw mit Anhänger dürfen auch auf schmalen Landstraßen nicht schneller als 70 km/h, auf Autobahnen 80 km/h fahren.

Autofahrer müssen von Oktober bis März, Motorradfahrer das ganze Jahr über mit Abblendlicht fahren; Parken ist bei Dunkelheit nur mit Standlicht gestattet. Das Halten ist innerhalb von 100 m vor und nach einem Bahnübergang untersagt. Wer an Kreuzungen rechts abbiegen möchte, braucht das Umschwenken der Ampel auf grün nicht abzuwarten. In Polen ist es erlaubt, sowohl links als auch rechts zu überholen.

Das Mobiltelefon darf nur benutzt werden, wenn es über eine Freisprechanlage verfügt und beide Hände am Steuer bleiben. Gurtpflicht besteht in Stadt und Land auf allen Sitzen, Kinder bis zu 12 Jahren dürfen nur auf dem Rücksitz mitreisen. Warndreieck, Handfeuerlöscher und Verbandskasten müssen stets im Auto mitgeführt werden. Die Promillegrenze beträgt 0,2, bei Überschreitung kann der Führerschein eingezogen und das Fahrzeug sichergestellt werden.

Autos dürfen außerhalb geschlossener Ortschaften nachts nur von uniformierter Polizei gestoppt werden, tagsüber auch von Zivilpolizei, sofern sich diese bei einem Polizeiauto aufhält. Strafgeld dürfen Polizisten nicht bar kassieren, sondern müssen eine Rechnung ausstellen. Fällige Strafpunkte werden dem zuständigen Zentralregister im Herkunftsland gemeldet.

Tankstellen
Tankstellen sind fast ebenso zahlreich wie in Deutschland, flächendeckend sichergestellt ist die Versorgung mit Superbenzin (95 und 98 Oktan), bleifreiem Benzin (durchgestrichenes »Pb«) und Dieselkraftstoff (ON, oft auch Biodiesel). An wichtigen Fernverkehrsstraßen und in größeren Städten bleiben Tankstellen durchgehend geöffnet, ansonsten meist von 6–22, So und Fei 7–17 Uhr. Kraftstoff ist in Polen etwa 20 % günstiger als in Deutschland.

Mietwagen
Internationale Autoverleihfirmen wie Hertz und Avis verfügen über Niederlassungen in größeren Städten und Hotels. Die Mietwagen haben den gleichen Standard wie in Westeuropa, auch die Preise haben westliches Niveau. Die Autos können bereits von Deutschland aus gebucht werden; Kreditkarten werden akzeptiert, das Mindestalter für die Automiete beträgt 21 Jahre.

Mit der Bahn
Von allen größeren Städten gibt es internationale Verbindungen nach Polen. Gute Direktverbindungen gibt es z. B. von Berlin und Wien nach Warszawa (Warschau), dort hat man Anschluss nach Gdańsk (Danzig) oder Olsztyn (Alleinstein).

Günstig wird die Bahnfahrt, wenn man die Sonderregelungen der Deutschen Bahn in Verbindung mit der BahnCard und den speziellen Angeboten für Jugendliche und Familien nutzt. Nähere Informationen erhält man unter dem Stichwort »Plan & Spar Europa«. Fahrplanauskünfte bekommt man über das praktische Sprachdialogsystem unter der kostenlosen Rufnummer 08 00-1 50 70 90 rund um die Uhr. Auskünfte über aktuelle Spartarife erhält man in den Reisezentren der Deutschen Bahn, in Reisebüros mit DB-Lizenz, beim telefonischen ReiseService 1 18 61 (gebührenpflichtig) und im Internet unter www.bahn.de.

Unterwegs in Masuren
Das Streckennetz Nordpolens ist nicht so dicht wie das im Süden, nach mehreren Streckenstilllegungen sind die Verbindungen in Masuren auf ein Minimum reduziert. Halbwegs gut bedient werden nur noch die Orte auf der Strecke Olsztyn–Kętrzyn–Gyżicko–Ełk–Białystok.

Die Zugfahrkarte (»bilet«) erhält man am Bahnhof (»dworzec PKP«), wo es stets auch eine Gepäckaufbewahrung gibt. Abfahrtstafeln (»odjazdy«) sind gelb, Ankunftstafeln (»przyjazdy«) weiß gekennzeichnet. Die Fahrkarte für eine über 100 km lange Strecke gilt maximal zwei Tage, am ersten Tag der Gültigkeitsdauer muss die Reise beginnen. Die so genannten »Schnellzüge« (»pospieszne«) sind langsamer als D- und Expresszüge, dafür preiswerter. Für diese Züge kann man keine Reservierung vornehmen, in den Ferien sind sie von Schülern und Studenten überfüllt. Wer im Nahbereich kleine Dörfer besuchen will, wählt den Personenzug (»osobowy«) – er hält an jeder kleinen Station und hat nur Wagen zweiter Klasse. Auskünfte über innerpolnische Zugverbindungen findet man im Internet unter www.pkp.pl.

Fahrräder
Zahlreiche Reiseveranstalter haben geführte und individuelle Fahrradtouren in ihrem Programm, wobei fast immer Fahrräder gestellt werden. Wer in Polen allein unterwegs ist und sein eigenes Fahrrad mitnehmen will, kauft vor Reisebeginn am Bahnschalter des Abfahrtortes eine internationale Fahrradkarte, mit der es möglich ist, in bestimmten dafür zugelassenen Zügen die Grenze zu passieren und bis zum polnischen Zielbahnhof weiterzureisen. Die Radfahrer-Hotline (Tel. 0 18 05-15 14 15) erteilt Auskunft zu Reiseverbindungen, Kosten für Fahrradmitnahme und Versand. Nützlich ist auch die Infobroschüre »Bahn & Bike«, kostenfrei erhältlich an den DB-Verkaufsstellen und ServicePoints.

In Masuren sind Räder in vielen Hotels und Pensionen ausleihbar. Die nur leicht hügelige Region eignet sich für Touren mit Dreigangrädern, die Straßen sind nur wenig befahren. Besonders zu empfehlen sind die Nebenstraßen mit dreistelligen (oder keinen) Straßennummern. Fahrradmitnahme ist nicht üblich in Bussen, wohl aber in Zügen. Tickets kauft man am Bahnschalter, ihr Preis beträgt 50 % vom Erwachsenenticket. Die Mitnahme eines Rades ist allerdings nur in den Zügen mit Gepäckwagen möglich; diese sind im Fahrplan mit Gepäck- oder Fahrradsymbol gekennzeichnet.

Mit dem Bus
Regelmäßige Verbindungen nach Danzig und Masuren bietet die Deutsche Touring-GmbH in Kooperation mit Eurolines (Am Römerhof 17, 60486 Frankfurt/Main; Tel. 0 69/79 03 54, Fax 7 90 32 19; www.deutsche-touring.com).

Innerhalb Polens gibt es ein weit verzweigtes Netz des Staatlichen Autobusverkehrs (PKS). Tickets be-

kommt man am Busterminal (Dworzec PKS), der sich meist in der Nähe des Hauptbahnhofs befindet. Ist dieser geschlossen, kauft man sie direkt beim Fahrer. Wer sein Ziel besonders schnell erreichen will, wählt am besten eine der wenigen auf der Anschlagtafel rot eingetragenen Verbindungen. Haltestellen erkennt man an den blauen Schildern mit Bussymbol und PKS-Logo.

Die staatliche Busgesellschaft bekommt zunehmend Konkurrenz von privaten Busunternehmen. Schnell und direkt ist Polski Express, er verkehrt allerdings nur zwischen größeren Städten.

Mit dem Flugzeug
Der bei Szczytno gelegene einzige Flughafen Masurens wird gegenwärtig nicht angesteuert, doch laufen Verhandlungen über seine neuerliche Inbetriebnahme. So bleiben für einen Masuren-Urlaub vorerst die Flughäfen in Gdańsk und Warszawa am besten geeignet. Dorthin starten Direktflüge von zahlreichen deutschen Städten mit der polnischen Fluggesellschaft LOT (www.lot.com) und der mit ihr kooperierenden Deutschen Lufthansa (www.lufthansa.de). Weitere Angebote haben z. B. Austrian Airlines (www.aua.com) und Eurowings (www.eurowings.de), aber auch Billigflieger wie
Germanwings
(www.germanwings.com)
Air Berlin (www.airberlin.com)
Hapag Lloyd Express
(www.hlx.com.de)
EasyJet (www.easyjet.com)
Wizz Air (www.wizzair.com)
Air Polonia (www.airpolonia.com)
White Eagle (www.globus-travel.pl)
Auskünfte über alle aktuellen Zielorte und Abflugzeiten erhält man in Reisebüros und im Internet.

AUSKUNFT
Beim Polnischen Fremdenverkehrsamt erhält man wichtige Informatio-

nen zu Unterkünften, Freizeitmöglichkeiten, Sehenswürdigkeiten und Kulturveranstaltungen. Die wenigen Info-Büros in Masuren sind mit Stadtplänen, Karten etc. schlecht ausgestattet; wer polnisches Kartenmaterial braucht (preiswert und gut), versorgt sich damit besser in einem der großen EMPiK-Läden, z. B. in Gdańsk oder Olsztyn.

Polnisches Fremdenverkehrsamt
Kurfürstendamm 71, 10709 Berlin;
Tel. 0 30/2 10 09 20, Fax 21 00 92 14;
www.polen-info.de
Polnisches Fremdenverkehrsamt
Lerchenfelderstr. 2 / Palais Auersberg,
1080 Wien; Tel. 01/52 47 19 10,
Fax 5 24 71 91 20; www.poleninfo.at

BUCHTIPPS
Arthur Becker: Onkel Jimmy, die Indianer und ich. Berlin-Verlag: Hamburg 2001. Teofil und sein Onkel Jimmy Koronko verlassen ihre masurische Heimat und ziehen nach Kanada, doch ihr Traum vom großen Geld erfüllt sich dort nicht. Als arme Kirchenmäuse kehren sie zurück und möchten doch so gern dem Bild vom »reichen Onkel aus Amerika« entsprechen ...

Andreas Kossert: Masuren: Ostpreußens vergessener Süden. Siedler Verlag: Berlin 2001. Kenntnisreiche und gut lesbare Darstellung der Geschichte Masurens von pruzzischer Zeit bis heute.

Haug von Kuenheim/Hans Joachim Kürtz: Ostpreußen. Auf den Spuren von Marion Gräfin Dönhoff. Ellert & Richter: Hamburg 2004. Ein persönlich verfasster Text- und Fotoband, gewidmet der 2002 verstorbenen Journalistin Marion Gräfin Dönhoff. Er folgt den Spuren ihrer Kindheit, bebildert den Ritt durch Masuren und die Flucht aus Ostpreußen 1945.

Siegfried Lenz: So zärtlich war Suleyken. Weltbild: Augsburg 2005. Heiter-verspielte Masuren-Geschichten, ein Mosaik unterschiedlichster Charaktere, die ihrer Fabulierlust freien Lauf lassen, schelmenhaft-gewitzt oder einfältig-verschlagen.

DIPLOMATISCHE VERTRETUNGEN
In Polen
Deutsche Botschaft
ul. Dąbrowiecka 30, 03-932 Warszawa;
Tel. 0 22/5 84 17 00, Fax 5 84 17 39;
www.ambasadaniemiec.pl

Deutsche Konsularabteilung
ul. Jazdów 12-B, 00-467 Warszawa;
Tel. 0 22/5 84 19 00, Fax 5 84 19 29

Österreichische Botschaft
ul. Gagarina 34, 00-748 Warszawa;
Tel. 0 22/8 41 00 81, Fax 8 41 00 85

Schweizer Botschaft
al. Ujazdowskie 27, 00-540 Warszawa;
Tel. 0 22/6 28 04 81, Fax 6 21 05 48

Deutsches Generalkonsulat in Gdańsk
al. Zwycięstwa 23, 80-219 Gdańsk-Wrzeszcz; Tel. 0 58/3 40 65 40,
Fax 3 40 65 60

In Deutschland
Polnische Botschaft
Lassenstr. 19–21, 14193 Berlin;
Tel. 0 30/2 23 13-0, Fax 2 23 13-1 55;
www.botschaft-polen.de,
E-Mail: info@botschaft-polen.de

Konsularabteilung
Richard-Strauss-Str. 11, 14193 Berlin;
Tel. 0 30/2 23 13-0, Fax 2 23 13-2 12;
E-Mail:
Konsulat.Berlin@botschaft-polen.de

In Österreich
Polnische Botschaft
Hietzinger Hauptstr. 42-C, 1130 Wien;
Tel. 01/8 70 15-1 00 oder -1 28,
Fax 8 70 15-1 36; www.botschaftrp.at

In der Schweiz
Polnische Botschaft
Elfenstr. 20-A, 3006 Bern;
Tel. 0 31/3 58 02 02, Fax 3 58 02 16;
www.pol-amb.ch

Feiertage

1. Januar	Neujahr
März/April	Ostern
1. Mai	Tag der Arbeit
3. Mai	Tag der Verfassung
Mai/Juni	Fronleichnam
15. August	Mariä Himmelfahrt
1. November	Allerheiligen
11. November	Tag der Unabhängigkeit
25./26.	**Dezember** Weihnachten

Geld

Gültiges Zahlungsmittel bleibt bis zur Einführung des Euro der złoty (zł oder PLN), doch schon jetzt wird der Euro in vielen Hotels und Restaurants akzeptiert. 1 Euro entspricht 4,4 zł (Stand: Januar 2005). In der Bank (Mo–Fr 8–17, Sa 8–14 Uhr) fallen beim Tausch Gebühren an, nicht aber in der Wechselstube (»kantor«, meist länger geöffnet). Gängige Kreditkarten werden in allen größeren Hotels und Geschäften akzeptiert, fast jede Bank verfügt auch über einen Geldautomaten (»bankomat«).

Internet

Offizielle Websites, z. B. die der Botschaft und des Fremdenverkehrsamts, sind recht zuverlässig, während auf privaten Seiten die Information immer häufiger im Schatten bezahlter Werbung steht.

www.polen-info.de/www.polen info.at: Übersichtlich angeordnete Website der Polnischen Fremdenverkehrsämter Berlin bzw. Wien mit den neuesten Nachrichten aus dem Nachbarland, einer Beschreibung touristisch wichtiger Orte und nützlichen Tipps für die Planung der Reise.

www.botschaft-polen.de: Online-Service der polnischen Botschaft mit aktuellen Nachrichten aus Politik und Kultur, interessanten Ausführungen zu Land & Leuten sowie den deutsch-polnischen Beziehungen.

www.auswaertiges-amt.de: Offizielle Reiseinformationen des Auswärtigen Amts mit Länder- und Reiseinfos, einem Archiv mit Pressemitteilungen, Reden und Interviews, Sicherheitshinweisen und nützlichen Links.

www.masuren-online.de: Infos über die Masurischen Seen, Natur und Kultur, Sport und Unterkünfte aller Art.

www.welcome2masuria.com: Vermittlung individueller und organisierter Reisen, einzelne Restauranttipps und Anregungen für Aktivurlauber.

www.masuren-privat.de: Website mit Hinweisen auf Urlaubsorte in Masuren. Vorgestellt werden Ferienwohnungen und Ferienhäuser, restaurierte Bauernhöfe und kleine Campinghäuser.

Medizinische Versorgung

Gesetzlich Krankenversicherte bekommen bei ihrer jeweiligen Krankenkasse eine Anschriftenliste des **Nationalen Polnischen Gesundheitsfonds NFZ** (Narodowy Fundusz Zdrowia). Bei den auf diesem Merkblatt aufgeführten Ärzten und Zahnärzten

---

Nebenkosten in Euro

1 Tasse Kaffee	1,00
1 Glas Bier	1,50
1 Glas Cola	1,00
1 Schachtel Zigaretten	ab 1,20
Tagesgericht im Lokal	ab 3,00
1 Liter Superbenzin	ab 0,80
1 Mietwagen pro Woche	ab 300,00
1 Taxifahrt (1 km)	1,00
Eintrittskarte Museum* meist	0,50–2,00

*Liegt der Preis für den Museumsbesuch über 2 €, wird er in diesem Buch gesondert aufgeführt.

Stand: November 2004

kann man sich im Notfalll gegen Vorlage der Europäischen Versicherungskarte behandeln lassen. Man zahlt dem polnischen Arzt die vor Ort erbrachten Leistungen und erhält von der Krankenkasse jene Summe zurück, die beim entsprechenden Arztbesuch im Heimatland angefallen wäre. Zur Erstattung der Kosten benötigt man ausführliche Quittungen mit Datum, Namen des Arztes und Angaben zu Art, Umfang und Kosten der Behandlung. Der Abschluss einer zusätzlichen privaten Auslandskrankenversicherung sichert vor der Gefahr, dass die heimische Krankenkasse nicht bereit ist, alle entstandenen Kosten zu übernehmen.

Gegen die Gefahr von Zeckenbissen schützt eine Impfung vor der Reise, genauere Informationen erhält man vom Hausarzt. Schutzmittel gegen Mücken sowie Arzneimittel aller Art bekommt man in Polen preiswert in der **Apotheke** (»apteka«). Wer nachts oder an Feiertagen Medikamente braucht, ist auf Apotheken mit Sonderdienst angewiesen. Die entsprechende Übersicht findet man in Tageszeitungen sowie am Eingang geschlossener Apotheken.

NOTRUF
Taxi 919
Polizei 997
Feuerwehr 998
Ambulanz 999
Pannendienst 981

Über den Touristen-Notruf 08 00/20 03 00 (kostenfrei) oder die Handy-Rufnummer 00 48/2 26 01 55 55 (gebührenpflichtig) können sich Urlauber während der Sommermonate (tgl. 8–24 Uhr) auf Deutsch oder Englisch an die Polizei wenden.

POST
Postämter sind in der Regel Mo–Sa 8–20 Uhr geöffnet. Sie verfügen über Kartentelefone und verkaufen Telefonkarten. Briefmarken gibt es außer in der Post auch in vielen Hotels und Zeitungskiosken.

REISEDOKUMENTE
Bürger der Bundesrepublik Deutschland und Österreichs brauchen für die Einreise einen Personalausweis, Bürger der Schweiz einen Reisepass, der noch mindestens sechs Monate gültig ist. Personen unter 16 Jahren benötigen einen Kinderausweis mit Lichtbild oder müssen im Pass der Eltern eingetragen sein.

Wer mit Hund oder Katze nach Polen reisen will, muss einen EU-Heimtierausweis besitzen, worin Name, Alter, Rasse und Geschlecht des Tieres sowie die Kennzeichnungsnummer vermerkt sind. Der Arzt hat im Pass die gültige Tollwutimpfung zu bescheinigen. Sowohl Hund als auch Katze müssen mit einer Tätowierung oder einem Mikrochip identifizierbar sein. Vergessen Tierhalter die nötigen Vorbereitungen, werden die Vierbeiner auf Kosten des Halters zurückgeschickt oder für die Dauer von mindestens vier Monaten in amtlicher Quarantäne untergebracht.

REISEKNIGGE
Danke schön!
Seien Sie nicht irritiert, wenn Sie sehr häufig das Wort »dziękuję« (danke) hören. Seit der Zeit, da Polen eine Adelsrepublik war, spielt Etikette in diesem Land eine große Rolle – selbst im Hotelaufzug mag es geschehen, dass sich jemand bei Ihnen für die gemeinsame Fahrt bedankt. Vorsicht ist angesagt, wenn Sie im Restaurant die Rechnung bezahlen und eingedenk der Landessitte brav Ihr »dziekuję« aufsagen. Der Kellner interpretiert das als Signal, dass Sie bereit sind, aufs Restgeld zu verzichten. Drum sagt man beim Bezahlen besser »proszę« (bitte sehr) und lässt die Börse geöffnet auf dem Tisch liegen. So weiß der Kellner, dass Sie die Restsumme erwarten. Wollen Sie sich für einen guten Service bedanken, so lassen Sie

anschließend etwas **Trinkgeld** auf dem Teller liegen (5–10 %).

Handkuss

Als Frau in Polen wird man öfters mit einem Handkuss bedacht: Kaum hat man dem Mann zur Begrüßung die Hand entgegengestreckt, hat er sie schon ergriffen und darauf seinen Kuss gehaucht bzw. geschmatzt. Übrigens begrüßt in Polen der Mann immer zuerst die Frau, d. h., der Handkuss für die Sekretärin hat Vorrang vor dem Händedruck für den Chef!

Einladung

Wird man zum Essen eingeladen, zieht man sich gut an, um den Gastgebern Respekt zu zollen. In der Regel bringt man ein Geschenk mit: z. B. Blumen für die Frau oder eine Flasche Wodka für den Mann. Wird beim Essen ein »Wässerchen« angeboten, sage man nicht »nein«: Zumindest bei der ersten Runde rechnet man fest auf Ihre Mitwirkung! Machen Sie auch nicht den Fehler, den Umtrunk mit russischer Zecherei zu vergleichen. Der Pole trinkt mit Maß, der Russe säuft!

SICHERHEIT

Aufgrund der immer noch hohen Quote von Autodiebstählen sollte man das Fahrzeug möglichst auf bewachten Plätzen abstellen – vor allem dann, wenn es sich um ein neues und teures Modell handelt. Wertsachen bitte nie im Wagen liegen lassen, größere Bargeldsummen im Hotelsafe deponieren! Außerdem empfiehlt es sich, von Pass und Führerschein eine Fotokopie anzufertigen. Dies erleichtert die Ausstellung von Ersatzpapieren im Falle eines Diebstahls.

SPRACHE

Polnisch gehört zur slawischen Sprachfamilie, das Alphabet ist – anders als das Russische – lateinisiert. Das heutige Masurisch ist ein altertümlicher polnischer Dialekt, der mit deutschen Lehnwörtern durchsetzt ist. So heißen z. B. Fensterläden »fensterladki«, Gabeln »gafelki«, sägen »zagować«. Ältere Bewohner verstehen vielerorts noch Deutsch und scheuen sich auch nicht, es zu sprechen. Jüngere lernen Deutsch oder Englisch und sind erpicht darauf, ihre neu erworbenen Kenntnisse auszuprobieren. Gleichwohl kann es nichts schaden, vor der Abfahrt ein paar Brocken Polnisch zu lernen (→ Sprachführer, S. 96).

TELEFON

Die meisten öffentlichen Telefonzellen funktionieren mit speziellen Karten, die in der Post und am Zeitungsstand erhältlich sind. Will man ein Auslandsgespräch führen, wählt man für Deutschland die 00 49, für Österreich die 00 43 und für die Schweiz die 00 41; bei der anschließenden Ortskennzahl ist die Anfangsnull wegzulassen. Für die Verbindungen von Deutschland nach Polen lautet die Landesvorwahl 00 48; auch hier wird bei der Ortszahl die erste Null gestrichen. Das Mobiltelefon lässt sich in Masuren problemlos nutzen.

ZOLL

Reisende aus Deutschland und Österreich dürfen maximal 200 Zigaretten steuerfrei aus Polen einführen. Sonstige Artikel und Genusswaren sind abgabenfrei, sofern ihre Menge den privaten Eigenverbrauch nicht übersteigt. Diesen definiert der Zoll wie folgt: 400 Zigarillos, 200 Zigarren oder 1 kg Tabak, 10 Liter Spirituosen, 90 Liter Wein und 110 Liter Bier sowie 10 kg Kaffee. Im Reservekanister dürfen max. 20 Liter Kraftstoff transportiert werden. Die Ein- und Ausfuhr von Devisen in Höhe von mehr als € 5000 ist deklarationspflichtig. Auch weiterhin ist die Ausfuhr von Büchern, Kunstwerken und Antiquitäten, die vor dem 9. Mai 1945 hergestellt wurden, ohne vorherige Genehmigung der zuständigen polnischen Behörden verboten.

Kartenatlas

Orientierung leicht gemacht: mit Planquadraten und allen Orten und Sehenswürdigkeiten.

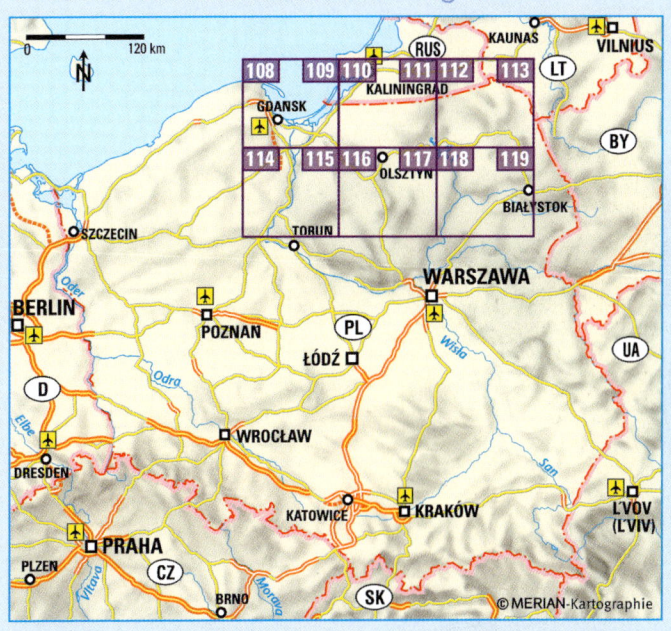

Legende

Routen und Touren

- ○──▶ Quer durch Masuren (S. 82)
- ○──▶ Festungsstädte entlang der Weichsel (S. 83)
- ○──▶ Auf dem Oberlandkanal (S. 84)
- ○──▶ Auf der Krutynia (S. 85)
- ○──▶ Durch den masurischen Landschaftspark (S. 88)
- ○──▶ Östliches Masuren (S. 91)

Sehenswürdigkeiten

- 🔟 MERIAN-TopTen
- 🔟 MERIAN-Tipp
- ▨ Sehenswürdigkeit, öffentl. Gebäude
- ✳ Sehenswürdigkeit Kultur
- ✳ Sehenswürdigkeit Natur

Sehenswürdigkeiten ff.

- ♂ Kirche
- ♂ Kloster
- ♟ ♟ Schloss, Burg; Ruine
- 🏛 Museum
- ⚚ Denkmal
- ⚎ Leuchtturm

Verkehr

- ━━ Autobahn
- ━━ Autobahnähnliche Straße
- ━━ Fernverkehrsstraße
- ━━ Hauptstraße
- ┈┈ Nebenstraße
- ─── Unbefestigte Straße, Weg

Verkehr ff.

- 🅿 Parkmöglichkeit
- Ⓗ Bushaltestelle
- 🚉 Bahnhof
- Ⓢ S-Bahn
- ⚓ Schiffsanleger
- ✈ Flughafen

Sonstiges

- ℹ Information
- 🎭 Theater
- ⚓ Strand
- ☀ Aussichtspunkt
- † † † Friedhof
- ▭ Nationalparkgrenze

A   B   C

Dębki Karwia
Karwieńskie Błoto
Odargowo   Jastrzębia Góra
Zarnowiec   Chłapowo Habichtsberg
Krokowa   Park Krajobrazowy   **Władysławowo**
Großendorf
Swarzewo   Nadmorski Park
jez.   Starzyno   Chałupy   Krajobrazowy
Żarnowieckie   **Puck**
Putzig   Kuźnica
Rybno   Leśniewo   Połczyno   Kussfeld
Sławutowko   Rzucewo   **Jastarnia**
Wielka   Osłonino   Jurata
Zamostne   Piaśnica   **216**   Mrzezino   Reda
Wejherowo   Rewa   **Hel**
Bolszewo   **Neustadt**   **Reda**
E28   **Rheda**   Kosakowo
Luzino   **6**
Sopieszyno   **Rumia**
Rahmel
Smażyno Szemud   Trójmiejski Park
Lębno   Krajobrazowy   **6**   **GDYNIA**
Kołeczkowo   **GDINGEN**
E28
Kaszubski Park   Kielno   **Sopot**
Krajobrazowy   Kowalewo   Chwaszczyno   **Zoppot**
Pomieczyno   Trójmiejski Park
Krajobrazowy   Oliva
Przodkowo   Miszewo   Oliwa   **GDAŃSK**
Wrzeszcz   **DANZIG**
Łapalice   Żukowo   Langfuhr
Kartuzy   **7**
Chmielno   **Karthaus**   Radunia   Przejazdowe   M
Otomin   **1**   Koszwały   Drewn
Ręboszewo   Borowo   **E75**   **E77**
Somonino   Borcz   Sulmin   **Pruszcz**
Kolbudy   Straszyn   **Gdański**   Trutnowy
Ostrzyce   Górne   **Praust**   Cedry
328   Egiertowo   Jodłowno   Grabiniec   Wielkie   K
Wieżyca 246   Łęgowo   Suchy Dąb
Kłobuczyn   Przywidz   Mierzeszyn   Kleszczewo   Różyny   Steblewo   Palczewo
Trzepowo   Trąbki   Pszczółki   Wisła
Będomin   Nowa   Guzy   Wielkie   Nowy
Karczma   Gołębiewo   Miłobądz   Lichnowy
Liniewo   Wysin   Godziszewo   Lubiszewo   **1**   Nowy
Sobącz   Głodowo   Tczewski   **Tczew**
Turze   **Dirschau**   Gnojewo
Skarszewy   Czarlin   Matowy
Nowe   Czarnocin   Trzcińsk   Swarożyn   Wielkie   Miłob
Polaszki   Pogódki   Linowiec   Kokoszkowy
Str. Kościerskie   Kleszczewo   Subkowy   Go
A   **B**   **114**   C
Nowy Cis   **Starogard Gdański**   **22**
Preußisch Stargard   Pelplin

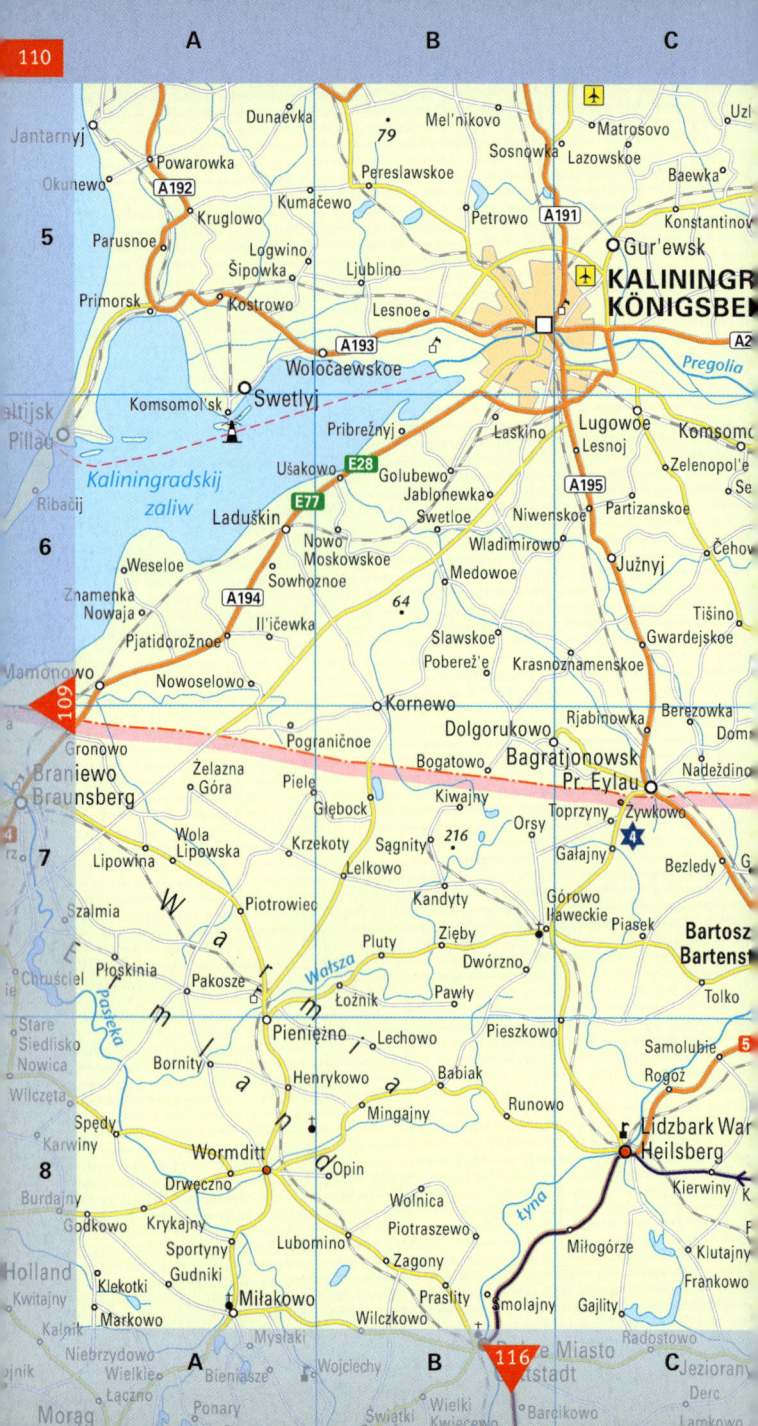

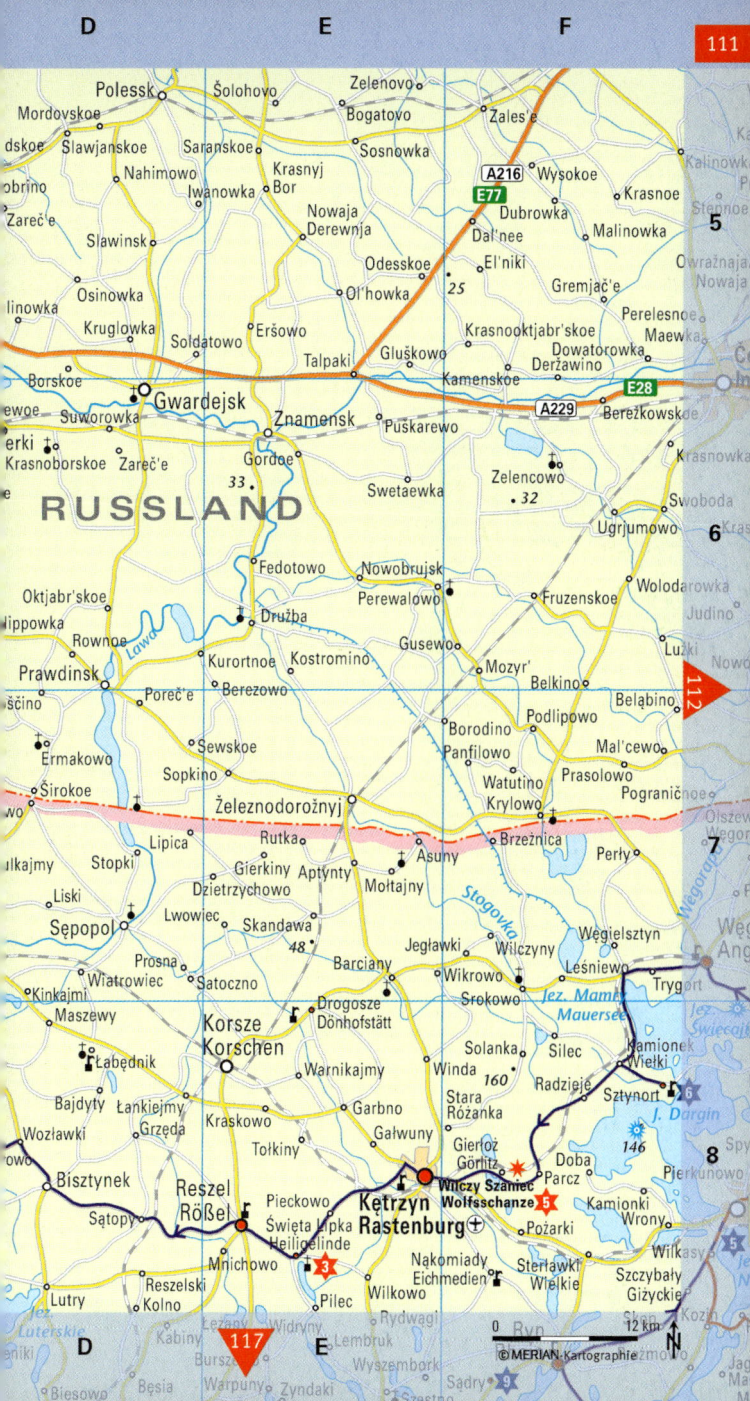

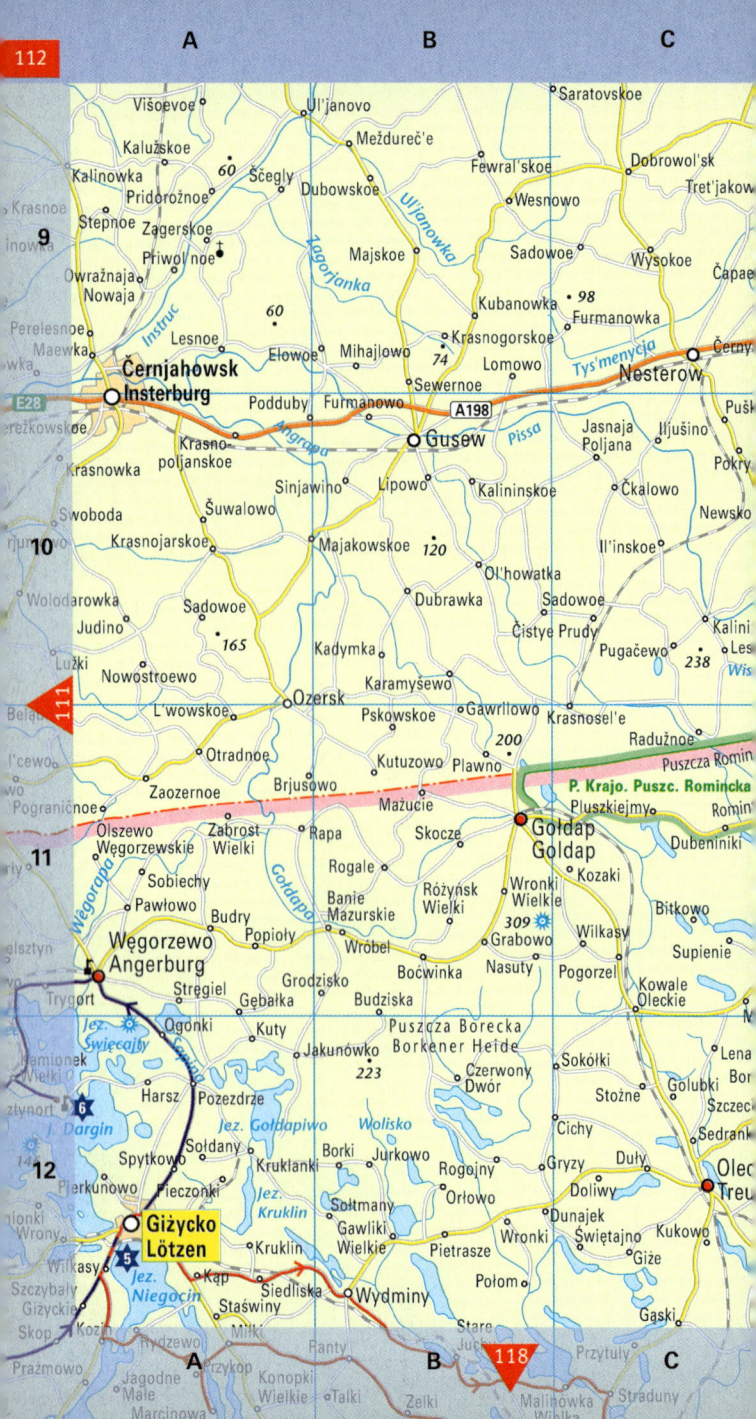

A B 108 C

Nowe Polaszki
Str. Kościerskie
Czarnocin
Pogódki
Kleszczewo
Trzcińsk
Li...wiec
Kokoszkowy
Czarli...
Swarożyn
Majewo Wielkie
Gnojewo

Wierzyca
Starogard Gdański
Preußisch Stargard
22
Szpęgawsk
Subkowy
Miłora
Goś
P...

Nowy Cis
Zblewo
Pelplin
Greblin
Rudno
Piekło
Biała Góra

Kaliska
Bytonia
Dąbrówka
Jabłowo

13

Borzechowo
Bobowo
Nowa Cerkiew
1
E75
Gniew
Mewe

Osowo Leśne
Lubichowo
Pączewo

Czarna Woda
Krępki
Wielki Bukowiec
Gur

Ocypel
Wda
Skórcz
Barłożno
Piaseczno
Janowo
Tychnowy

Osieczna

Kasparus
Kościelna Jania
Mała Karczma
Korzeniewo

Śliwice
Łuby
Osiek
Leśna Jania
Opalenie
Grabówko
Kw
Ma

Lińsk
Wycinki
Pieniążkowo

14

Trzebciny
Łążek
Wdecki Park
Krajobrazowy
Twarda Góra
Nebrowo Wielkie
Sadlinki

134
Tleń
Lipinki
Nowe
Otłowo

Osie
Wielki Wełcz

Żur
Pięćmorgi
Warlubie
Wielki Komórsk
Dusocin

Lniano
Mątawy
Skurgwy
R

Drzycim
Laskowice
Jeżewo
Dolna Grupa
1
16

Ostrowite
Kłódka
Nicwałd

Franciszkowo
Biała
Mniszek
E75

Plewno
GRUDZIĄDZ
GRAUDENZ
Okonin

15

Stążki
5
1
Sartowice

Różanna
Świecie
Schwetz
Podwiesk
Ruda
S...
Ra
Ch

Łowin
Gruczno
Nowa Wieś
Chełmińska
Park Krajobrazowy
Doliny Dolnej Wisły
Paparzyn
Zielnowo

Pruszcz
Chełmno
Kulm
Stoino
Krusin
Błędowo

Zbrachlin
Starogród
Płużnica
Nowa Wieś Królewska

Trzeciewiec
Topolno
Borówno
Kijewo Królewskie
Zygląd
Lisewo
Jezioro
Wieczno
Przydwórz

Włóki
Park Krajobrazowy
Doliny Dolnej Wisły
Papowo Biskupie
Drzonowo
Bocień
Ryńsk

16

Unisław
Bielczyny
Chełmża
Dźwierzno
Orzechowo

Wybcz
Nawra
Kowalewo
Pomorskie
1

Dąbrowa Chełmińska
Grzywna
Wielka Łąka
O

Ostromecko
Łążyn
Łubianka
107

80
Czarnowo
1
E75

↓ Toruń

A B C

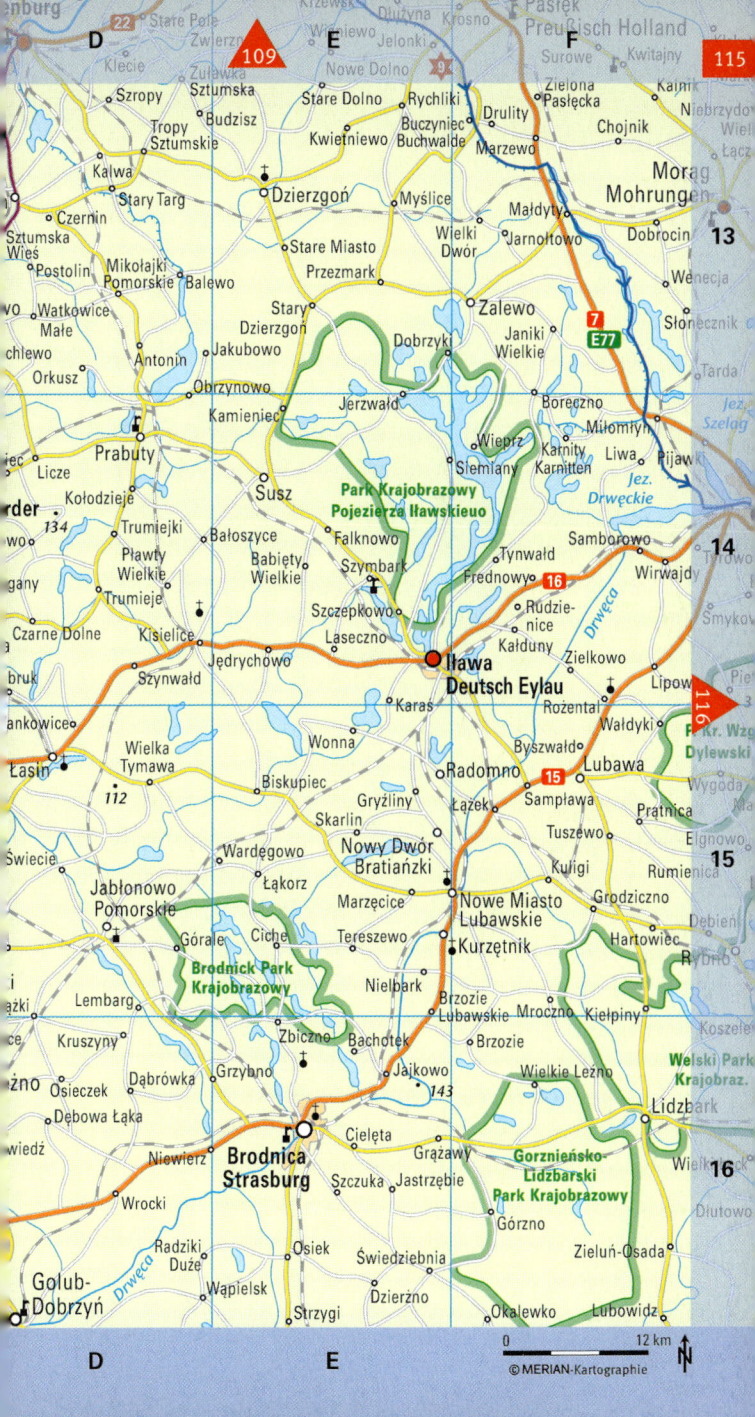

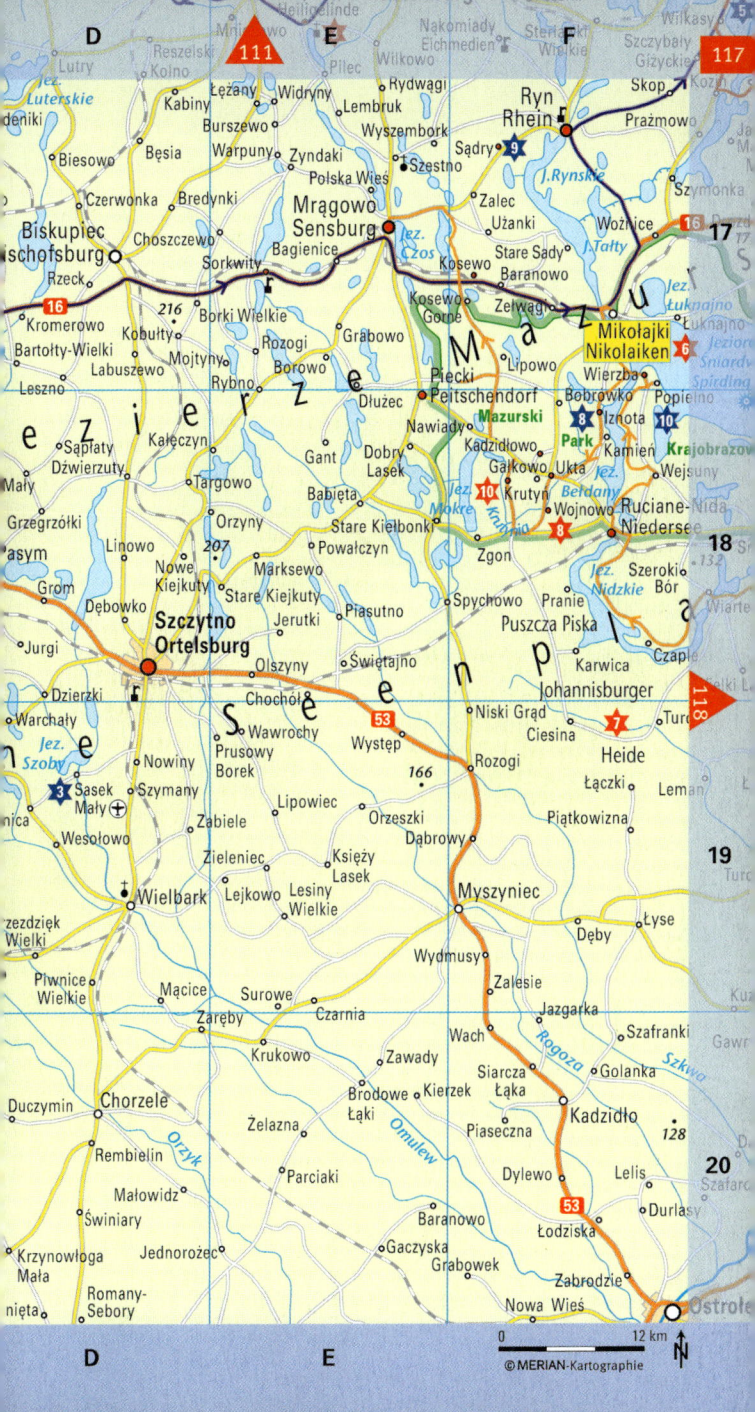

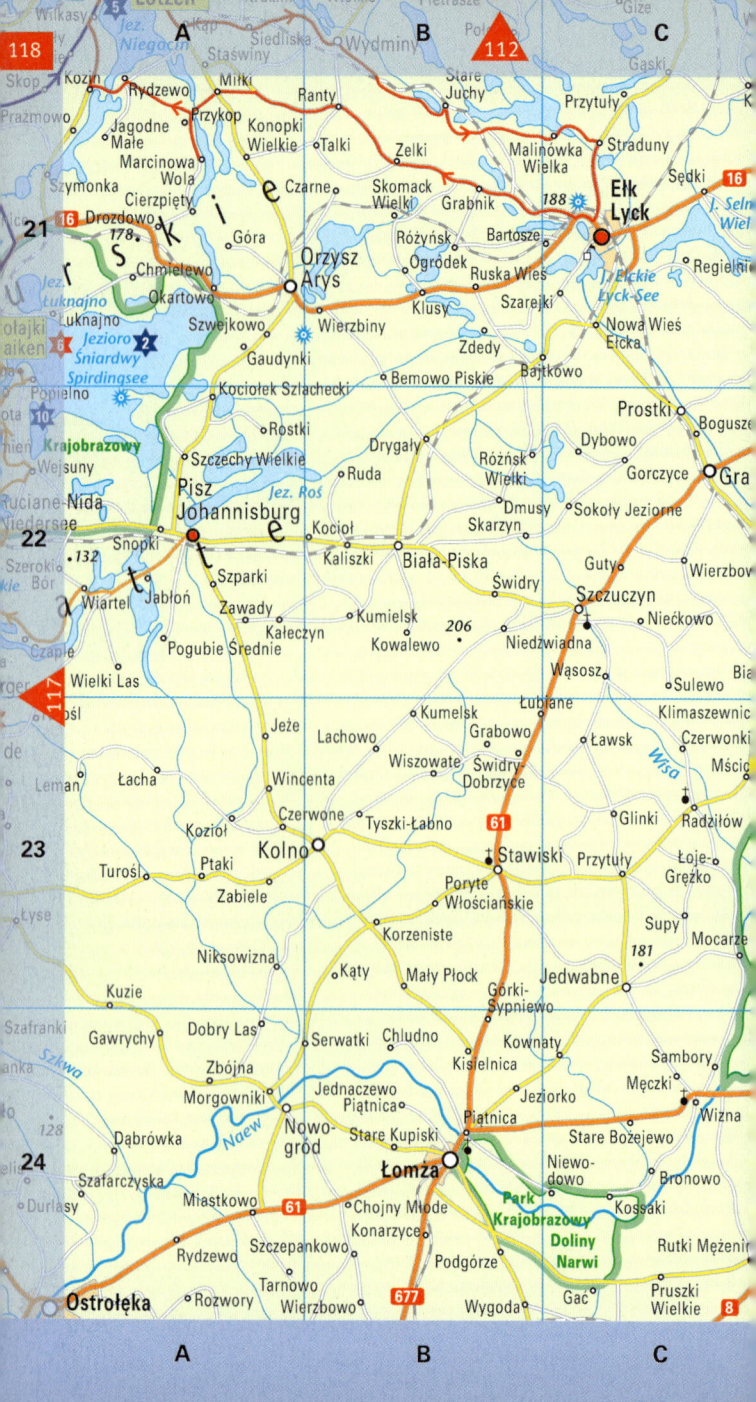

8
57
113

Danowskie
Serski Las

Macharce
Plaska

Mikaszówka

Cimosze
Rospuda
Nowina
Szczebra

Janówka
Milewo

Kalinowo

Suha
Rzeczka

Gruszki

Augustów

Nowe Rudki

Borzymy
Jeziorki

Netta II
Jezioro Sajno

Białobrzegi
Kolnica

141

21

Bargłów Kościelny
61
Osowy
Grąd

Jastrzębnall

Krasnybór

Lipsk

Jezioro Rajgrodz
Barszcze
Podcisówek

Nowa
Kamienna

Rajgród
Tajno
Kamień

Dąbrowa
Białostocka

Tama
Łanowe
Sztabin

Bełda
Woźnawieś
Jaminy
146

Brzozowo

Kuligi
Ełk
8
E67

Grymiaczki

Bagny
Nierośno

Biebrzański
Park Narodowy

Dębowo

Czerwonka

Reszkowce

22

Karpowicze
Suchowola
Bierwicha

Dolistowo
Stare

Nowa Chodorówka

iemnoszyje
Biebrza

Mikicin
Skindzierz

Majewo
Trzcianka

Jedeszki
Jaświły
Kumiała
Janów

Goniądz
208

7
Osowiec
Korycin

Downary
Żodzie
Krzeczów

Ostra
Góra

Kulesze
Mońki
Jasionówka

Popiołówka

Kalinówka
Kościelna
Jaskra

Krasne
Folwarczne

Czarna
Białostocka

23

Trzcianne
Przewalanka

ugny
Knyszyn
Park Krajobrazowy
Puszczy
Knyszyńskiej

Rybniki
Studzianki

Krupno
Wielki

iebrzański
Narodowy
Wyszowate
Kozińce

Wasilków
Supraśl

Dobrzyniewo
Duże
Letniki
Jurowce
Ogrodniczki

iec
Strekowa Góra
Tykocin
Fasty

Grabówka

Złotoria
Żółtki
8

Rzędziany
Białystok

hlebiotki
Zawady
Stare Jezewo
Choroszcz

Barszczewo

24

Stare
Zambrzyce
E67
Kruszewo
Narwiański
Park Narodowy
Księżyno

Protasy

Kobylin-
Borzymy
żenin
Narew
Baciuty
Tołcze

Stara
Łupianka
Turośn Dolna

Białowieski Park Narodowy

0   12 km

© MERIAN-Kartographie

D E

124 Orts- und Sachregister

Hier finden Sie alphabetisch aufgeführt alle in diesem Band beschriebenen Orte und Ziele, Routen und Touren. Bei einzelnen Sehenswürdigkeiten steht jeweils der dazugehörige Ort in Klammern, bei Hotels steht zusätzlich die Abkürzung H für Hotel. Außerdem enthält das Register wichtige Stichworte sowie alle MERIAN-TopTen und MERIAN-Tipps dieses Reiseführers. Wird ein Begriff mehrfach aufgeführt, verweist die **fett gedruckte** Zahl auf die Hauptnennung im Band.

Liebe Leserinnen und Leser,
wir freuen uns, Ihre Meinung zu diesem Reiseführer zu erfahren. Bitte schreiben Sie uns, wenn Sie Berichtigungen und Ergänzungsvorschläge haben oder wenn Ihnen etwas besonders gut gefällt:

TRAVEL HOUSE MEDIA GmbH, Postfach 86 03 66, 81630 München
E-Mail: merian-live@travel-house-media.de Internet: www.merian.de

DIE AUTOREN
Dr. Izabella Gawin, geboren in Polen, studierte Kunstgeschichte und Germanistik, bevor sie begann, den Deutschen ihr Heimatland näher zu bringen. **Dr. Dieter Schulze** studierte Literatur- und Sozialwissenschaften, jedes Jahr verbringt er in Polen mehrere Monate. Einzeln und im Tandem publizierten die Autoren bereits mehr als zehn Reiseführer über Deutschlands östlichen Nachbarn.

Alle Angaben in diesem Reiseführer sind gewissenhaft geprüft. Preise, Öffnungszeiten usw. können sich aber schnell ändern. Für eventuelle Fehler übernimmt der Verlag keine Haftung.

Bei Interesse an Karten aus MERIAN-Reiseführern schreiben Sie bitte an:
iPUBLISH GmbH, geomatics
Berg-am-Laim-Straße 47
81673 München
E-Mail: geomatics@ipublish.de

FOTOS
Titelbild: Mikołajki, vor dem Hotel Amax (Izabella Gawin/Dieter Schulze)
Fotos: Ralf Freyer 4/5, 6, 10/11, 16, 28, 34/35, 36, 39, 40, 45, 46, 47, 48, 52, 55, 57, 67, 68, 75, 76, 78, 79, 80/81, 83, 90, 92/93; Izabella Gawin/Dieter Schulze 8, 9, 12, 14, 16, 20, 22, 26, 32, 43, 58, 60, 72, 86, 89, 95; T. Stankiewicz 25, 66, 84

© 2005 TRAVEL HOUSE MEDIA GmbH, München
MERIAN ist eine eingetragene Marke der GANSKE VERLAGSGRUPPE.

PROGRAMMLEITUNG
Susanne Böttcher
REDAKTION
Martina Gorgas
GESTALTUNG
wieschendorf.design, Berlin
KARTEN
MERIAN-Kartographie
PRODUKTION
Gloria Pall
SATZ
Filmsatz Schröter, München
DRUCK
Appl, Wemding
BINDUNG
Auer, Donauwörth
GEDRUCKT AUF
Luxosamtoffset von Schneidersöhne

1. Auflage
ISBN 3–7742–0706–2

TRAVEL HOUSE MEDIA

Ein Unternehmen der
GANSKE VERLAGSGRUPPE